Les 100 premiers jours d'une opération de fusion-acquisition

Comptabilité, contrôle & finance

Joseph ANTOINE, *Dépliant «Plan comptable minimum normalisé»*, 7e édition

Joseph ANTOINE, avec la collaboration de Rose-Marie DEHAN-MAROYE, *Comptabilité - Apprentissage programmé avec tests et corrigés*, (3 tomes), 8e édition

Joseph ANTOINE, Catherine DENDAUW, Rose-Marie DEHAN-MAROYE *Traité de comptabilisation - Répertoire documenté des imputations*, 3e édition

Joseph ANTOINE, avec la collaboration de Stéphane MERCIER, *Lexique thématique de la comptabilité - Dictionnaire spécialisé explicatif*, 8e édition

Joseph ANTOINE, Marie-Claire CAPIAU-HUART, *Dictionnaire des marchés financiers, Plus de 2000 termes et expressions expliqués et traduits en cinq langues : anglais, allemand, espagnol, italien, néerlandais*, 2e édition

David BRAULT, *Les 100 premiers jours d'une opération de fusion-acquisition. Réussir son intégration*

Claude BROQUET †, Robert COBBAUT, Roland GILLET, André van den BERG, *Gestion de portefeuille*, 4e édition

Robert COBBAUT, Roland GILLET, Georges HÜBNER, *La gestion de portefeuille. Instruments, stratégie et performance*

Karine CERRADA, Yves DE RONGÉ, Michel DE WOLF, Michel GATZ, *Comptabilité et analyse des états financiers. Principes et applications*, 3e édition

Aswath DAMODARAN, *Finance d'entreprise. Théorie et pratique*, 2e édition

Aswath DAMODARAN, *Pratique de la finance d'entreprise*

Laurence DEKLERCK, Philippe MEURÉE, *Manuel pratique d'impôt des sociétés*, 7e édition

Yves DE RONGÉ, *Comptabilité de gestion*, 2e édition

Larbi DOHNI, Carol HAINAUT, *Les taux de change. Approches économiques et financières*

Michel DUBOIS, Isabelle GIRERD-POTIN, *Exercices de théorie financière et de gestion de portefeuille*. Avec CD-Rom

Mahmoud EL-GAMAL, *Finance islamique. Aspects légaux, économiques et pratiques*

Louis ESCH, Robert KIEFFER, Thierry LOPEZ, *Asset & Risk Management. La finance orientée «Risques»*. Avec CD-Rom

Fabienne GUERRA, *Comptabilité managériale. Le système d'information comptable.* Volume 1 - *Mise en place*

Fabienne GUERRA, *Comptabilité managériale. Le système d'information comptable.* Volume 2 - *Fonctionnement des comptes*

Fabienne GUERRA, *Comptabilité managériale. Le système d'information comptable.* Volume 3 - *Règles d'évaluation*

Fabienne GUERRA, *Comptabilité managériale. L'utilisation du système d'information comptable.* Volume 4 - *Diagnostic externe*

Fabienne GUERRA, *Pilotage stratégique de l'entreprise. Le rôle du tableau de bord prospectif*

Octave JOKUNG NGUÉNA, *Mathématiques et gestion financière. Applications avec exercices corrigés*

Daniel JUSTENS, Michaël SCHYNS, *Théorie stochastique de la décision d'investissement*. Avec un CD-Rom

Philippe KNEIPE, *Trésorerie et finance d'entreprise*

Éric STÉPHANY, *La relation capital-risque/PME*

Benoît PIGÉ (Sous la direction de), *Qualité de l'audit. Enjeux de l'audit interne et externe pour la gouvernance des organisations*

Allen WHITE, *La consolidation directe. Principes de base*, 4e édition

Comptabilité, contrôle & finance

David BRAULT

Les 100 premiers jours d'une opération de fusion-acquisition

Réussir son intégration

Préface de Denis DUBOIS
Postface de Jacques TIERNY

de boeck

Pour toute information sur notre fonds et les nouveautés dans votre domaine de spécialisation, consultez notre site web : **www.deboeck.com**

1re édition

Rue des Minimes 39, B-1000 Bruxelles

Imprimé en Belgique

Dépôt légal :
Bibliothèque nationale, Paris : juin 2012
Bibliothèque royale de Belgique, Bruxelles : 2012/0074/044

ISSN 1373-0150
ISBN 978-2-8041-6947-3

REMERCIEMENTS

Je ne me serais jamais lancé dans un projet qui consiste à « résumer » les 10 dernières années de ma vie professionnelle et à transmettre quelques bonnes pratiques tirées de l'expérience du terrain, sans le soutien d'une équipe et sans le regard bienveillant de personnalités du monde de la finance et des entreprises.

Merci à Olivia SIEBER, Pauline CHAUVEL et à l'équipe des 80 managers qui à ce jour ont participé à l'aventure Objectif CASH.

Merci à Denis DUBOIS, Jacques TIERNY, Yvette MISLIN, Kérine TRAN, Valérie COLLOT, Gilles BETTHAEUSER, Laurent CALOT, Christophe CAUPENNE, André CHANU, Jean-François DHOURY et Olivier YOUNÈS pour leurs contributions.

Merci aux Éditions De Boeck, très impliquées dans ce projet original où la vidéo complète le texte et réciproquement.

Merci, enfin, à nos clients, entrepreneurs et financiers, qui nous ont fait confiance pendant toutes ces années. Merci à vous tous d'investir, d'aller de l'avant, de faire des projets et, surtout, de les réaliser.

LES TÉMOINS

Vous pouvez retrouver les vidéos des témoins sur le site de l'ouvrage : fusion-acquisition.deboeck.com

Denis DUBOIS, professeur des Universités

Après avoir commencé sa carrière dans un cabinet spécialisé dans le redressement d'entreprises en difficulté, Denis DUBOIS réalise de nombreuses missions comme consultant auprès d'entreprises, d'organisations professionnelles, sur des problèmes variés d'ingénierie, d'expertise, de management, et de communication financière. Sur un plan opérationnel, il a assuré la direction financière à temps partagé de PME et intervient comme expert auprès de grands groupes industriels ; il coopère également aux actions de formation et de communication dans le cadre d'opérations d'ouverture du capital ou de privatisation (France Télécom, Thomson multimédia, EDF…).

Professeur des Universités, Denis DUBOIS a dirigé le département Économie, Finance Assurance, Banque au sein de l'école Management et Société du Cnam où il coordonne les formations du Master de finance. Conseiller d'établissement, il a également présidé les travaux du directoire des TICE.

Membre du Haut Conseil de la Certification Professionnelle de l'AMF, membre titulaire de la SFAF, Denis DUBOIS a été rédacteur en chef pendant plus de dix ans de la revue *Finance et Gestion* (revue rattachée au Centre des Professions Financières).

Denis DUBOIS a par ailleurs rédigé de nombreux articles et ouvrages dont en particulier : *Négociation et contrôle des conditions bancaires*, Éditions d'Organisation, 1994 ; *Les décisions financières de l'entreprise*, PUF Gestion, 6e édition, 2004 ; *Les mécanismes financiers de l'entreprise*, IEF, 2005 ; *Préparation à l'examen certifié par l'AMF*, Dunod, 2011.

Christophe CAUPENNE

Christophe CAUPENNE est ancien commandant de police de l'unité d'élite du RAID (Recherche, Assistance, Intervention, Dissuasion). Il a été pendant onze ans chef du groupe « Gestion de crise et négociation » et coordinateur national des négociateurs de la Police nationale pour le ministère de l'Intérieur.

Il a résolu plus de 350 affaires de forcenés, prises d'otages, kidnappings à l'étranger, mutineries, etc.

C'est un spécialiste de « l'humain », de la performance, de la négociation de situation à hauts risques, un expert en communication et en résolution de conflits.

Il est l'auteur de plusieurs ouvrages et articles spécialisés, dont l'ouvrage récent : *Négociateur au RAID*, Cherche midi, 2010.

Jacques TIERNY, vice-président exécutif, directeur financier – Groupe Gemalto

Jacques TIERNY a commencé sa carrière comme courtier en matières premières. Il a ensuite passé 23 ans chez Michelin dans différentes fonctions financières, en France et à l'étranger, société dont il était devenu le directeur financier Groupe adjoint. En 2003, il rejoint le groupe de distribution Casino en tant que directeur financier, puis comme directeur général adjoint exécutif. En 2007, Jacques TIERNY a dirigé le département Évaluation et Stratégie financière du cabinet de conseil KPMG Corporate Finance à Paris, et rejoint la Société Gemalto NV fin 2007, dont il est directeur financier Groupe.

Jacques TIERNY est diplômé de l'École des Hautes Études Commerciales (HEC) de Paris, du Programme International de Management des Universités de New York et Getúlio Vargas de São Paulo.

Jean-François DHOURY, directeur de Mission – Objectif CASH

Jean-François DHOURY, diplomé de Sciences Po Paris (SP 1980) et du CNAM (IESTO 1982), est directeur de Mission depuis cinq ans chez Objectif Cash en finance opérationnelle. Il intervient pour proposer des solutions en matière de direction financière opérationnelle (management de transition, business plan, trésorerie, amélioration des process financiers et des systèmes de pilotage, diagnostics financiers et prospectifs) et accompagner les entreprises en difficultés et en retournement.

Il compte 27 ans d'expérience professionnelle dans l'audit et l'Industrie (Automobile, Pharmacie, Électronique, Papier) à des postes de direction financière et de direction générale. Une carrière alternée entre Grands Groupes, PME familiales, participation de fonds...

Olivier YOUNÈS, Partner – Casa Invest

Partner du holding de participations familial Casa Invest, Olivier YOUNÈS a une expérience d'investisseur en capital de dix ans chez Siparex, où il a financé près de vingt sociétés technologiques et accompagné la création puis la gestion de nouveaux fonds dans les pays émergents (Égypte, Algérie, Koweit, Ukraine).

Il enseigne le capital investissement à HEC, à Dauphine et au Conservatoire National des Arts et Métiers.

André CHANU, directeur de Mission – Objectif CASH

Auditeur puis expert-comptable au sein du réseau Ernst & Young, André CHANU a mené pendant une vingtaine d'années des missions d'audit, d'expertise et de conseils auprès de sociétés et de groupes de toutes tailles, dans les secteurs productifs et commerciaux en particulier.

Consultant indépendant depuis une quinzaine d'année, il a pu apporter son expérience des situations complexes et de crise, et en particulier dans les environnements socio-économiques spécifiques de l'Afrique centrale et du Maghreb, aux entreprises publiques et filiales de groupes internationaux présents sur ces territoires.

Formateur-concepteur auprès de la Cegos et de l'Asforef, il continue d'animer avec conviction et de participer à l'adaptation de l'offre de formation auprès des professionnels du chiffre.

La rencontre avec David Brault, fondateur d'Objectif-Cash, lui permet de continuer à apporter son expertise et son savoir-faire au travers des missions de transition, centrées sur le retour aux bonnes pratiques financières en matière de gestion de trésorerie et de production comptable utile à la prise de décision des dirigeants.

André CHANU est marié et père de quatre enfants.

Yvette MISLIN, associée LOGION FINANCE

Yvette MISLIN a débuté sa carrière au sein d'établissements bancaires et financiers européens au sein desquels elle a occupé, au cours des vingt dernières années, différentes fonctions de direction avant de rejoindre en qualité d'associée Logion Finance, cabinet conseil en fusion-acquisition et en ingénierie financière de haut de bilan (réorganisation du capital, levée de fonds, évaluation…).

Forte de son expérience, elle accompagne et intervient aux côtés des dirigeants propriétaires et actionnaires de PME/PMI, de tous secteurs d'activité, en assurant la mise en œuvre de leur stratégie, l'assistance et l'exécution opérationnelle des projets de transmission ou de croissance externe.

Yvette MISLIN est diplômée de Sciences Po Lyon et de l'ITB.

Kérine TRAN, juriste en contentieux des affaires – Cabinet ARC

Kérine TRAN, diplômée d'un DESS en Contentieux des Affaires. Juriste depuis dix ans au Cabinet ARC, un cabinet de juristes d'affaires spécialisés depuis 23 ans dans la gestion du poste clients.

À ce titre, Kérine TRAN a développé une parfaite maîtrise des différents process de recouvrement amiables et judiciaires. Elle effectue aussi régulièrement des audits du poste clients ainsi que des formations gestes métier/juridiques au sein de diverses entreprises dont des sociétés du CAC40, clientes du Cabinet Arc.

Valérie COLLOT, Credit Manager – SAGEM

Diplômée de 3e cycle universitaire en Affaires Internationales (IAE de Paris), cette professionnelle trilingue justifie de quinze ans d'expérience en Credit Management. Après avoir débuté sa carrière dans une PME, elle intègre SAGEM (Groupe SAFRAN) en 2007 en tant que Credit Manager.

Administratrice de l'AFDCC durant plusieurs années, Valérie COLLOT est élue vice-présidente internationale en 2004 puis présidente en 2011. Également vice-présidente de la FECMA (Fédération Européenne des Associations de Credit Managers), qui regroupe plus de 20 000 Credit Managers en Europe, Valérie Collot s'est souvent engagée à l'AFDCC dans la définition et la diffusion des bonnes pratiques de la profession dans un contexte international.

Gilles BETTHAEUSER, président-fondateur – GROUPE AOS

Gilles BETTHAEUSER est le président-fondateur du groupe AOS. Doté d'un tempérament d'entrepreneur qui lui a permis de faire croître une petite entreprise parisienne spécialisée dans l'aménagement d'espace en groupe mondial de conseil en immobilier, c'est un expert capable d'accompagner la stratégie des entreprises en optimisant la valeur ajoutée de leurs mutations immobilières.

Depuis 1999, il a œuvré à l'acquisition et à la fusion des différentes entreprises qui constituent désormais le groupe AOS. Depuis lors, AOS Studley a connu une très forte croissance de son CA en collaborant avec plus de 600 clients. Le groupe emploie actuellement 420 personnes.

Gilles a ainsi supervisé le développement et la mise en place de la stratégie et des plans d'action du groupe, en proposant des services immobiliers uniques par une approche visionnaire du marché. Il est également un manager très fortement impliqué dans les grandes missions d'AOS, pilotant la gestion des projets menés par les professionnels hautement qualifiés dont il a su s'entourer.

Grâce à son approche singulière des enjeux du marché immobilier, AOS Studley est devenu un acteur de premier plan européen.

Laurent CALOT, directeur – Le CXP

Depuis 2003, Laurent CALOT, 47 ans, est président du Directoire du CXP, cabinet d'analyse et de conseil en informatique. Les principaux actionnaires du CXP étant Nextsatge, CIC Capital Privé, Siparex, Equitis.

Co-fondateur de GigaGroup (spin-off européen de Giga Information Group) en 2000, cabinet d'analyse en informatique, eBusiness et management de l'informatique — aujourd'hui Forrester Research — Laurent CALOT en a occupé les fonctions de vice-président, en charge des opératrions, du développement des ventes et du marketing du groupe. Il a rejoint dès l'origine de sa création la société Giga Information Group (créée par Gideon Gartner — fondateur du Gartner Group — en 1995) dont il était le directeur des ventes en Europe continentale.

Au préalable, Laurent CALOT était responsable de la branche conseil pour le bureau parisien de BIS Strategic Decisions, société d'analyse du marché informatique et télécommunications, professionnel et grand public. Laurent Calot avait précédemment occupé la fonction de Consultant Senior, spécialiste du marché des applications spatiales et mobiles pour BIS Strategic Decisions.

De 1988 à 1991, il a été en charge de différentes fonctions marketing et gestion des ventes pour l'Unité Télécommunications Internationales de Fujitsu / ICL à Londres puis à Paris. Il était en particulier responsable produit pour les services RNIS et Videotext en Europe.

Laurent CALOT est diplômé de l'EFREI-Paris et de l'IEA-Paris.

PRÉFACE

Si les 100 premiers jours d'une opération de croissance externe contiennent les germes de ce qui contribuera à réduire le risque d'échec ou participera à accélérer les bénéfices attendus d'une telle opération, encore faut-il :

- d'une part que celle-ci s'inscrive dans une stratégie réfléchie, quand bien même elle résulterait d'opportunités à saisir,
- et d'autre part qu'elle ait été préparée tant au niveau de ses effets sur les principaux équilibres financiers résultant des conséquences économiques, industrielles et sociales, qu'au niveau des procédures d'accompagnement, en particulier dans l'harmonisation des systèmes d'information, de gestion et du pilotage social.

Rappelons en effet que si « *big is beautiful* », l'augmentation de la taille des entreprises accélérée par les opérations de croissance externe peut être source de désordre et donc de risque quand bien même l'entropie organisationnelle qui en résulte est également, par la remise en cause des habitudes, source de créativité et de nouveaux développements. Encore faut-il savoir le reconnaître et le gérer.

Soulignons également que les opérations de croissance externe peuvent découler de stratégies différentes :

- celles qui s'inscrivent dans le prolongement des activités développées par l'acquéreur : rachat de part de marché pour compenser le ralentissement de la croissance organique (cas de l'industrie automobile, du transport routier...), rachat d'actifs incorporels (brevets, compétences, expertises) pour pallier la défaillance du processus de R & D (cas de l'industrie pharmaceutique ou du conseil...), intégration verticale pour maîtriser les sources d'approvisionnement ou les circuits de distribution (cas de l'industrie du luxe...), intégration horizontale dans le but de réduire la concurrence, diversifier ses produits ou intégrer des produits de substitution (cas de l'industrie alimentaire...).
- celles qui s'éloignent du cœur du métier telles les opérations de diversification, sources d'opportunités nouvelles dans des secteurs devant opérer leurs mutations technologiques et/ou commerciales (cas de la banque...) ou excessivement atomisés offrant d'importants bénéfices d'économies d'échelles (cas à une certaine époque de l'industrie lourde, de l'industrie du tourisme...) ou encore dans les activités consommatrices de capital à restructurer ou en retournement économique (cas de l'horlogerie ou du textile, par exemple).

À l'évidence, les risques d'échec ne sont pas les mêmes selon le type d'opérations, sans oublier d'évoquer la dimension supplémentaire du cas des fusions transfrontalières (barrière de la langue, des cultures, du niveau d'éducation). Dans tous les cas, la préparation de ces opérations et la prise en compte de la dynamique temporelle de leur mise en œuvre sont essentielles à leur succès.

Si l'édition n'est pas avare d'ouvrages traitant des opérations de fusions/acquisitions, des conditions requises pour leurs succès et de la mesure de leur efficience supposée sur la création de valeur au profit des *stockholders* ainsi que de leurs effets — ou méfaits — face aux attentes des *stackeholders*, il faut souligner l'originalité de cet ouvrage dont le contenu apporte des réponses concrètes aux nombreuses questions que se posent ceux qui soit envisagent de telles opérations, soit s'interrogent sur l'échec de celles-ci.

Basé sur l'expérience acquise au cours de nombreuses missions de management d'opérations de croissance externe, cet ouvrage aborde de façon pragmatique et conceptuelle la démarche de telles opérations :

- sur le plan pragmatique, en apportant moult exemples et illustrations tirés de cas vécus, offrant ainsi au lecteur une diversité de situations rencontrées dans lesquelles l'homme d'expérience pourrait s'identifier,
- sur le plan conceptuel, par la formalisation des différentes étapes et recommandations/préconisations tirées de ces expériences.

Cet ouvrage, par sa présentation, se distingue des manuels habituellement disponibles sur un tel sujet ; de lecture aisée, il est accessible :

- aux acteurs — chefs d'entreprises et managers — désireux d'aller à l'essentiel, de connaître les compétences dont il faut disposer ou savoir s'entourer pour mener à bien ces opérations,
- aux étudiants et enseignants des écoles de commerce ou d'ingénieurs et d'universités de gestion ou scientifiques qui pourront ainsi bénéficier de l'expérience accumulée de managers et de conseils pour accélérer le processus d'apprentissage par essais et erreurs, association progressive entre une action et son résultat (base du béhaviorisme), largement pratiqué en particulier dans les universités américaines par l'usage de l'analyse de cas.

La qualité de ce livre, son contenu, son originalité et sa structure font qu'il constituera à n'en point douter un ouvrage de référence dont devra disposer tout bon manager.

Merci encore à son auteur d'avoir su nous captiver !

Professeur Denis DUBOIS

AVANT-PROPOS

CROÎTRE OU DISPARAÎTRE ?

Gérer et accélérer sa croissance fait partie des techniques et des savoir-faire que doit maîtriser tout chef d'entreprise. Les entreprises grandissent, se développent et meurent. La perte naturelle d'un client ou d'un marché doit être anticipée. L'économie dans la zone euro étant condamnée durablement à une croissance molle, les opérations de croissance externe constituent de nouveaux relais ou leviers de croissance pour de nombreux entrepreneurs.

1. POURQUOI CHOISIR LA CROISSANCE EXTERNE ?

Ces opérations permettent de s'appuyer sur quelque chose d'existant et de déployer des stratégies génératrices de croissance. Opter pour la croissance externe permet d'accéder très rapidement à de nouveaux marchés ou de nouveaux clients et d'être immédiatement référencé auprès de nouveaux comptes. C'est un point essentiel dans un contexte où les services achats des entreprises ont tendance à réduire chaque année le nombre de leurs fournisseurs.

De plus, les opérations de croissance externe permettent d'atteindre plus rapidement une taille critique, gage de pérennité et de volume pour les clients, facilitant ainsi l'accès ou le maintien du référencement dans les grands comptes.

Enfin, l'obtention des financements par les banques est relativement plus facile… Une demande de financement pour recruter des commerciaux, dans un objectif de croissance organique, est très aléatoire pour un banquier. Il n'a aucune garantie que l'investissement va générer suffisamment de revenus pour rembourser le crédit.

Au contraire, si les remontées de dividendes générés par l'entreprise que l'on achète peuvent rembourser la dette d'acquisition, les banques pourront nantir les titres de la cible et bénéficier d'une certaine sécurité.

2. RIGUEUR ET PRÉPARATION MINUTIEUSE SONT LES CLÉS DE LA RÉUSSITE DU PROJET !

Un travail de fond est indispensable pour transformer le projet d'acquisition en succès opérationnel.

Pour commencer, il s'agit d'identifier des cibles. C'est à la fois chronophage et très compliqué de prospecter soi-même des sociétés, en leur demandant si elles seraient éventuellement intéressées par un rachat. Certains cabinets spécialisés en M & A (Mergers & Aquisitions) proposent des cibles préalablement qualifiées. Le coût de leurs prestations est certes élevé mais il se justifie par le gain de temps et la réelle possibilité de conclure rapidement.

Une fois la cible identifiée, la phase de négociation est également complexe. Le facteur « humain » est important. La vente de son entreprise est une étape unique dans la vie d'un entrepreneur. Elle ne peut se résumer à la seule dimension économique. Pour le cédant, cela représente souvent la valorisation de toute une vie de travail, de lui-même et parfois de son épouse ou d'autres membres de sa famille. Le prix de la cession va conditionner son futur train de vie, notamment s'il part à la retraite. Si le processus mis en place ne prend pas en compte toutes ces données, souvent difficiles à intégrer dans une discussion rationnelle ou dans un tableau de chiffres, l'opération peut échouer.

Le dirigeant cédant, en général très attaché à ses salariés, souhaite toujours leur présenter son départ comme un nouveau challenge pour l'entreprise, une aventure encore plus belle à venir, plutôt que comme un abandon de sa part. Il est donc très important de prendre le temps d'expliquer au cédant que le nouveau groupe constitué apportera une plus-value à ses salariés.

Mais ce n'est pas tout… La concurrence d'autres acquéreurs potentiels intervient fréquemment dans ces phases de négociation. Il est rare qu'il y ait un seul prétendant, surtout s'agissant de dossiers à forte valeur ajoutée.

Vient ensuite l'étape de la lettre d'intention qui demande souvent de nombreux aller et retours avant d'être validée par le vendeur et l'acquéreur. En effet, elle définit le prix de cession, le montant de l'earn-out avec son mode de calcul et sa date de réalisation, les montants des garanties d'actif et de passif, les dispositifs éventuels pour l'accompagnement de l'entreprise par ses anciens dirigeants pendant quelques semaines ou quelques mois, etc.

Une fois ces premières étapes franchies, l'acquéreur obtient en principe l'exclusivité et différents audits sont lancés (comptables et juridiques principalement).

L'ultime étape est la négociation de l'acte de cession, qui peut être plus ou moins complexe, notamment si la cession n'est réalisée que partiellement. Il faut en effet, à ce moment-là, se mettre aussi d'accord sur un pacte d'actionnaires.

Le financement de l'acquisition est un sujet à ne pas négliger et surtout à anticiper. Si l'obtention du financement prend trop de temps, cela risque de tout faire capoter.

2.1 Attention aux risques liés à ce type d'opérations...

De nombreux risques opérationnels, financiers et humains, doivent également être identifiés. Les plus fréquents sont les vices cachés, les accords verbaux entre l'ancien management et ses équipes (augmentations, formations, avantages divers, etc.), des départs de collaborateurs déjà actés et non annoncés, des départs suite à l'intégration si elle n'est pas bien menée, la perte de clients ou de salariés attachés à l'ancien dirigeant, etc. Ces différents éléments, en réduisant l'effectif de la cible et en diminuant sa rentabilité, influencent directement la valeur de l'acquisition et impactent le cycle normal d'amortissement de l'opération réalisée.

Nous avons constaté dans la pratique, à plusieurs reprises, que l'acquéreur peut perdre 50 % de la valeur de son acquisition en 1 an. Il peut ainsi mettre en péril sa propre entreprise s'il ne dispose pas de la trésorerie pour encaisser un coup aussi dur.

Le risques sont considérablement réduits si l'on agit avec méthode et si l'on consacre, dès les 100 premiers jours de l'intégration, du temps à la rencontre des clients et aux aspects managériaux et humains. Une cession est souvent perçue comme un traumatisme par les salariés. La plupart craignent pour leur poste. Ils anticipent que dans le cadre de la nouvelle organisation un certain nombre de doublons seront éliminés. Que des personnes parmi les anciens salariés resteront sur la touche. Cela arrive effectivement parfois. Cela ne se sert à rien de le cacher. C'est la vie des affaires. On ne peut pas fusionner deux entités et conserver par exemple deux postes de directeurs financiers. Une communication interne soutenue doit être déployée pour rassurer et expliquer en quoi l'opération réalisée va permettre au plus grand nombre de salariés de l'ancienne entité d'optimiser leurs conditions de travail et d'accéder à de nouvelles opportunités.

Une fois les doutes levés et les équipes motivées, il est alors possible de lancer des actions génératrices de croissance organique, en apportant à la cible tous les processus et les bonnes pratiques ayant fait le succès de l'acquéreur.

La mutualisation des clients existants avec ceux de la cible doit aussi permettre de créer de la croissance, des synergies et ainsi augmenter la valeur de chacune des deux entreprises.

En respectant ces différentes étapes, l'entrepreneur pourra accroître les possibilités du nouvel ensemble, le rendre cohérent, s'entourer de collaborateurs performants et répondre toujours mieux aux besoins des clients...

2.2 Croître et disparaitre ?

La course à la taille critique conduit parfois les entreprises à se précipiter sur des cibles qu'elles ont mal analysées ou à se lancer dans des projets d'acquisitions mal ficelés. Parfois, les dirigeants sont pris dans « une guerre des égos ». Aveuglé par sa propre suffisance, poussé à l'action inconsidérée par des mécanismes de motivation et de rémunération non contrôlés, tel ou tel patron peut avoir à un moment « les yeux plus gros que le ventre ». Le projet de croissance externe se retourne contre lui… Financée au plus juste, l'acquisition consomme plus de cash que prévu, entraînant l'ensemble dans des difficultés.

2.3 L'apport du contrôle interne dans le processus d'intégration

Les opérations de croissance externes permettent de créer de la valeur mais peuvent aussi fragiliser l'entreprise (l'acquéreur et la cible) pendant quelques semaines ou quelques mois. Renforcer les contrôles internes et le contrôle de gestion à ces moments clés permet de limiter les aléas et de réduire la volatilité des résultats pendant ces périodes.

2.4 L'importance du cash et des hommes

Enfin, pour limiter les aléas, on ne le répètera jamais assez, plus le projet est risqué, c'est-à-dire plus la proportion d'actifs immatériels dans le total du bilan de la société rachetée est importante, plus il faudra prévoir une réserve de cash disponible au cas où. Le directeur financier, conscience technique et éthique de l'entreprise, qu'il soit pilote du projet d'intégration ou pas, jouera un rôle clé dans l'évaluation du montant de cette réserve de liquidité à prévoir puis dans la décision de l'utiliser. Nous consacrerons le dernier chapitre de ce livre à l'importance des hommes et au choix du pilote de l'intégration.

PRÉLIMINAIRES

SITUER L'ENJEU DES 100 PREMIERS JOURS DANS LE PROCESSUS PLUS GLOBAL D'UNE OPÉRATION DE FUSION ACQUISITION

Sommaire

Notre ouvrage se concentre essentiellement sur la phase d'« intégration », constituée par les 100 jours qui suivent l'acquisition, c'est-à-dire le « closing ». Dans ce chapitre préliminaire, il nous a paru utile d'un point de vue méthodologique de décrire synthétiquement les étapes qui précèdent la phase d'intégration mais aussi de rappeler quelques principes fondamentaux des transactions (motivation des acteurs, méthodes de valorisation, définition de certains termes ou anglicismes utilisés dans le jargon des professionnels, etc.).

1. LES PRINCIPALES ÉTAPES DE LA TRANSACTION ET LES DIFFÉRENTS ACTEURS

À la vente comme à l'achat, la phase de préparation de la transaction ne doit jamais être négligée.

Le schéma ci-dessous rappelle de manière très synthétique les étapes du processus. Selon les opérations, les étapes en amont peuvent prendre de 3 à 24 mois. Viser les 12 mois est souvent très ambitieux. La sélection des acquéreurs potentiels aura un impact sur le scénario choisi.

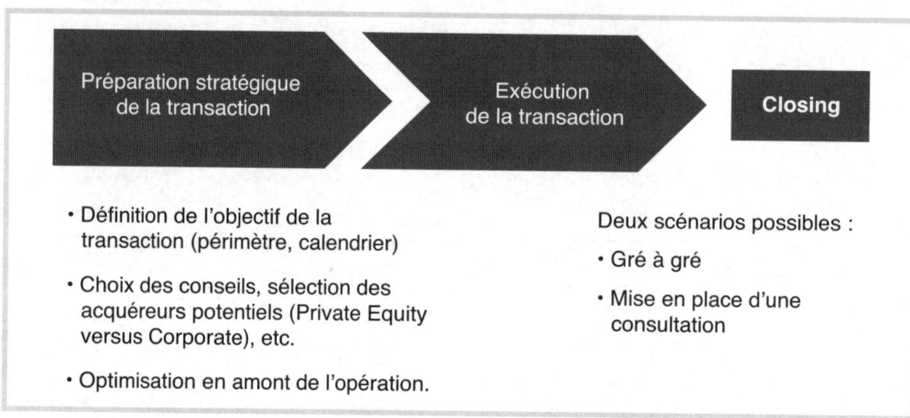

Pour l'acquéreur, la création de valeur dépendra de nombreux facteurs dont le prix payé. Mais pas seulement le prix. L'acquéreur va également estimer les synergies potentielles entre les activités de la cible et ses propres activités. Vendeur et acheteur préparent généralement chacun de leur côté un business plan intégrant plus ou moins de synergies. Ils concordent rarement. Voire jamais. La phase d'intégration, les 100 premiers jours, sujet de cet ouvrage, visera à mettre en œuvre ces synergies le plus rapidement possible.

Trouver les bonnes cibles	Payer le juste prix	Soigner le post-deal
• Préparation des deals très en amont, avec plus de temps • Stratégies de build-up proactives	• Due diligences approfondies • Prix et multiples « rationnels »	• Développement de synergies • Mise en place de plans d'optimisation

L'exécution de la transaction comporte elle-même des sous-phases. Le tableau ci-dessous les rappelle de manière succincte.

Préparation de la consultation	Mise sur le marché	Datarooms	Signing puis closing
• Analyse de la société (performances opérationnelle, commerciale et financière) • Définition d'un ou plusieurs argumentaires de vente • Sélection des acquéreurs potentiels • Travaux préparatoires : – Teaser – Information Mémorandum (IM) – Accord de confidentialité (Non Disclosure Agreement ou NDA) • Eventuellement Vendor Due Diligence (VDD) – Financière – Juridique – Fiscale – Stratégique	Objectif : identifier parmi les acquéreurs potentiels ceux les plus à même de réaliser l'opération au meilleur prix • Contact des acquéreurs potentiels avec un teaser • Signature des NDA • Envoi des IM • Q&A, visite, Pré-Management Présentation, VDD • Valorisations préliminaires • Offres Indicatives (Non Biding offers ou NBO) / Letters of Interests (LOI)	Objectif : permettre aux acquéreurs potentiels de confirmer leurs offres indicatives • Dataroom • Management Présentation • Visite de sites • Valorisations Offres fermes + Sale and Purchase Agreement (SPA) Négociations Exclusivité	Signing : • SPA • Clause de sortie • Material Adverse Charge Closing Intégration : • Opérationnelle (structure, équipe) • Financière (système de gestion, PPA, etc.) • Synergies (définition, mises en place)

Le « teaser » est un document d'une à deux pages maximum. Il peut être diffusé très largement (100 à 200 entreprises susceptibles d'être intéressées). L'IM (Information Mémorandum) est plus consistant. Il comporte 50 à 60 pages. Parfois plus. Le plus souvent, il est adressé aux candidats acquéreurs après la signature d'un accord de confidentialité. À ce stade, il ne reste plus en général que 20 ou 30 entreprises intéressées. Souvent moins. Les vendeurs élimineront alors certains acquéreurs potentiels sur des critères de surface financière, d'image, d'origine géographique, de concurrence, de taille, de sérieux, etc. et n'en conserveront qu'entre 5 et 10. L'IM reste un document de synthèse. Chacun des acquéreurs potentiels, en fonction de sa propre activité et des synergies qu'il envisage de mettre en œuvre et de retirer de la transaction (et aussi en fonction de ses motivations à effectuer la transaction ; souvent, celles-ci sont cachées) posera un certain nombre de questions. Celles-ci seront répercutées à l'entreprise vendeuse par l'intermédiaire de leurs conseils respectifs. Il n'est pas rare que chaque acquéreur ait entre 200 et 300 questions complémentaires. Multiplié par le nombre d'acquéreurs potentiels, cela peut très rapidement devenir ingérable pour l'entreprise vendeuse et ses conseils qui peuvent se retrouver avec plusieurs milliers de questions en suspens. C'est pour cette raison que la plupart du temps les entreprises vendeuses préparent des VDD (Vendors Due Diligences). Il s'agit d'un rapport, le plus souvent préparé par un cabinet d'audit ou d'expertise comptable ayant pignon sur rue, qui peut faire plusieurs centaines de pages. L'objectif de ce rapport est de préparer à l'avance les réponses aux questions que les acquéreurs ne manqueront pas de se poser. Il s'agit d'un investissement financier qui peut se révéler long, fastidieux et coûteux mais qui, au moment où les candidats acquéreurs se présentent et posent leurs questions, permet de gagner un temps très précieux. C'est également un rapport qui crédibilise l'information fournie par les vendeurs vis-à-vis des acquéreurs. Les cabinets réalisant ce type de prestations engagent leur réputation et leur responsabilité sur les informations contenues dans leur rapport même si, le plus souvent, l'élaboration d'un rapport des VDD ne constitue pas un audit stricto sensu (au sens comptable du terme) mais seulement un passage en revue et un engagement sur la « raisonnabilité » des informations chiffrées fournies par le management. La confusion entre les termes VDD et audit entraîne parfois des contentieux. Les VDD, lorsqu'elles sont effectuées par des professionnels reconnus, permettent au minimum de s'assurer que les chiffres fournis par le management sortent du ou des systèmes comptables et que les informations fournies par le management pour expliquer les variations les plus significatives d'une année sur l'autre sont plausibles. Par exemple, dans ce type de rapports, on peut trouver des informations détaillées sur les chiffres historiques ou sur les prévisions. Par division, par ligne de produits, etc. Élaborer des VDD prend au minimum 3 mois. Mais ce sera autant de gagné à la fin du processus puisque le rapport permet en général de répondre à 80 % des questions des acquéreurs. Il ne reste plus à traiter que les 20 % restantes de chaque acquéreur. Il est utile de rappeler que certains établissements de financement exigent que des VDD aient été préparées par des cabinets réputés et souhaitent que le rapport final soit joint au dossier de demande de financement de la dette d'acquisition. Cette exigence concerne le plus souvent les acquisitions effectuées par des fonds de Private Equity qui connaissent moins les secteurs d'activités que les acquéreurs « corporate ».

Donc, en synthèse, les VDD représentent un investissement non négligeable :

– honoraires du cabinet qui les prépare,

- temps passé (parfois considérable) par les collaborateurs en interne pour fournir les informations ou les explications au cabinet missionné pour les VDD,
- et coût d'opportunité – pendant que les équipes internes sont concentrées sur les VDD, elles ne font pas autre chose (notamment elles s'occupent moins du « *business as usual* », ce qui peut amener a posteriori des mauvaises surprises).

Les VDD sont généralement utiles, voire très utiles (dans les contextes de cession à un fonds de Private Equity ou de cession entre fonds) pour fiabiliser et accélérer le processus de la transaction au moment où les offres se présentent.

En revanche, les VDD doivent être comprises dans le contexte de la transaction et ne pas être utilisées au-delà. Elles ont deux travers majeurs :

- Préparées par des auditeurs ou des personnes de formation comptable, les VDD présentent l'entreprise essentiellement sous l'angle comptable, ce qui peut parfois être réducteur voire carrément induire en erreur (c'est arrivé !). Les aspects « opérationnels » sont souvent négligés, notamment la faisabilité concrète et pratique sur le terrain de certaines évolutions ou progressions dans les business plans.
- Les VDD ont un seul objectif : présenter l'entreprise sous son meilleur jour afin, comme on dit, « d'habiller la mariée ». Elles montrent les performances passées, anticipent les performances futures. Un professionnel a un jour fait cette comparaison : « *On décrit les performances du véhicule, la couleur de sa peinture, sa consommation. On consulte rarement les mécaniciens. On ne met jamais les mains sous le capot* ».

À propos des autres étapes importantes, on peut faire les commentaires suivants :

- Management presentations, visites de sites : ce sont des étapes incontournables qui prennent également beaucoup de temps au top management. Ces présentations nécessitent souvent une formation spécifique pour les managers (media coaching, prise de parole en public, etc.) pour se préparer au road show. Il est donc nécessaire de réserver ce type de présentations à un nombre limité d'acquéreurs potentiels. D'où le besoin d'un travail en amont pour bien les sélectionner, choisir les bons critères afin de ne pas se disperser. Attention : ne pas avoir accès, même deux heures, au directeur financier de l'entreprise que l'on rachète n'est pas bon signe… L'entreprise qui est à vendre a-t-elle quelque chose à cacher ?
- SPA (Sales and Purchase Agreement ou Share Purchase Agreement) : il s'agit du contrat de vente de l'entreprise. En cas de vente aux enchères, il est généralement transmis par le vendeur à l'acquéreur potentiel lors de la phase dataroom/management presentation. Il doit impérativement être revu par l'avocat de l'entreprise qui achète.
- Exclusivité : elle est donnée en général pour quelques semaines à la fin du processus à l'un des acquéreurs potentiels pour lui permettre de finaliser la transaction. Attention à ne pas se tromper sur la personne de l'acqué-

reur ; à ne pas donner l'exclusivité à telle société au lieu d'une autre. Cela bloque les possibilités de continuer à traiter avec les autres acquéreurs.

- Clauses de sortie : il arrive parfois durant le processus que l'acquéreur ou le vendeur ne veuillent plus faire la transaction et se retirent. Il est utile de prévoir cette situation et d'associer une clause de dédommagement pour couvrir les frais engagés.
- Material Adverse Change : dans certaines conventions, l'une des parties peut imposer à l'autre le respect d'une clause lui permettant de résilier le contrat en cas de survenance d'un évènement négatif majeur (comme une crise boursière, une crise de liquidité…).
- Clause de garantie d'actif ou de passif : c'est une clause fréquemment utilisée par les acquéreurs pour se prémunir contre certaines surévaluations des actifs ou sous-évaluations des passifs. Les vendeurs rechignent à les consentir. S'engagent alors des négociations pour réduire le prix. Certains assureurs proposent des contrats pour couvrir ces risques.

La phase d'intégration concerne tous les aspects opérationnels (équipes, structures et systèmes d'information) et la mise en place des synergies. L'allocation du prix d'acquisition ou le Purchase Price Allocation (PPA) est un sujet comptable qui n'est pas à négliger. Les décisions d'acquisition de nouvelles activités ou entités sont étroitement liées aux modes de valorisation retenus. Dès lors, les dispositions comptables applicables en la matière méritent une attention particulière tant en amont du processus d'acquisition qu'ultérieurement. Embûches et opportunités sont inhérentes à l'exercice d'allocation du prix d'acquisition aux actifs et aux passifs de la cible. Il existe une littérature technique abondante sur le sujet. S'y reporter permettra de bien maîtriser et de mieux anticiper les impacts comptables actuels et futurs de la transaction. Cela contribuera à une meilleure connaissance de ces éléments et permettra de mettre en exergue les sujets les plus délicats, tels que la valorisation des actifs incorporels et les conséquences du PPA sur les résultats futurs.

Les entreprises ont ainsi intérêt à mettre en œuvre le plus en amont possible dans leurs processus d'acquisition une véritable stratégie comptable et à anticiper les conséquences des contraintes comptables et financières du PPA. L'objectif est de transformer le « cauchemar comptable » du PPA en une opportunité, de façon à améliorer non seulement la qualité et la fiabilité des prévisions de résultats, mais surtout le processus de fusion-acquisition, en justifiant plus précisément le prix d'acquisition et en améliorant la communication sur la transaction.

1.1 Les différents acteurs de la transaction

Ils sont très nombreux. Le tableau ci-dessous les récapitule par grandes familles.

Commentaires sur le tableau ci-contre :

Management et employés : c'est une évidence, on n'achètera pas une entreprise dont on n'aurait rencontré que le dirigeant. À un moment, les candidats acqué-

Conseil	Rôle	Vendeur	Acquéreur
Management + Employés	Implication sur l'intégralité du process *dont les Management Presentations*	●	●
Conseil M&A	Coordonner l'opération Lien / Négociation	●	●
Conseil Financier	Financial Due Diligence (Vendor ou Buy-side) Assistance à la valorisation/ Modélisation financière Allocation du Prix d'Acquisition	● (gris)	●
Conseil Juridique	DD / SPA / GAP	● (gris)	●
Conseil Fiscal	DD / Structuring	● (gris)	●
Conseil Stratégique	DD	● (gris)	●
Banquier	Financements		●

DD = Due diligences/audits
SPA = Sales Purchase agreement
GAP = Garantie Actif Passif
Conseil juridique = Avocat d'affaires

reurs exigeront de rencontrer les managers opérationnels et le directeur financier (les N-1 voire les N-2). Ces rencontres auront lieu lors des management presentations et à l'occasion des visites de sites. Ces rencontres seront très utiles pour se forger une opinion à propos de la cible, notamment sur le degré de motivation et d'implication des managers de rangs inférieurs, sur la propreté des locaux, le niveau et le rythme d'activité, le style de management, la culture de l'entreprise, la qualité de l'accueil et aussi la cohésion de l'équipe managériale.

Apport et coût des conseils : en théorie, il est toujours possible de tout faire en interne. Encore faut-il avoir la compétence et le temps à y consacrer. L'apport des conseils permet d'accélérer le processus, de sécuriser l'investissement, de rationaliser le prix payé, d'anticiper sur la phase d'intégration. Le recours à des professionnels va aussi rassurer les banquiers qui, dans certains cas, exigeront que tel ou tel aspect soit validé par des spécialistes externes. Il n'est pas rare que le coût total des conseils représente 10 % du prix de la transaction.

2. LES DIFFÉRENTES MÉTHODES D'ÉVALUATION D'UNE ENTREPRISE

Il est nécessaire d'apprécier la valeur à partir d'une approche multicritères. Le tableau ci-dessous décrit les trois méthodes le plus souvent utilisées.

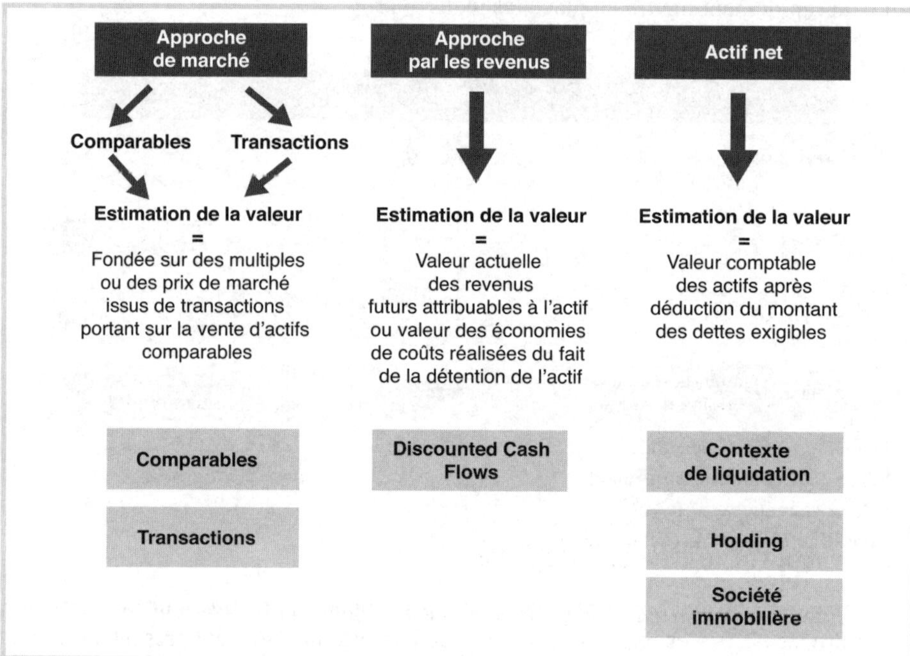

Acheteurs et vendeurs (ou leurs conseils) connaissent ces trois méthodes. Ils savent également que la valeur de l'entreprise calculée à partir de telle ou telle méthode ou à partir de la combinaison de ces méthodes (exemple : combiner la méthode par les multiples et la méthode par les cash-flows) n'en fera pas le prix. **La valeur ne fait pas le prix.** En revanche, si à la suite de l'utilisation des différentes méthodes de valorisation évoquées ci-dessus on obtient des valeurs différentes, il convient d'expliquer les différences. De préparer les argumentaires qui justifient ces différences. Si enfin les méthodes ne se réconcilient pas, il faut en parler.

2.1 Comprendre la répartition du risque et l'anticiper

Selon les projets qu'il nourrira pour l'entreprise qu'il achète, l'acquéreur aura tendance à surpondérer dans la combinaison des méthodes l'une de celles-ci par rapport à l'autre. Quelle que soit la combinaison retenue, les aspects « génération de cash-flows futurs » seront abordés. Notamment si un fonds d'investissement est partie prenante à l'opération. On se posera donc des questions sur la capacité de l'équipe dirigeante à prendre rapidement les manettes de la cible (crédibilité du plan d'intégration) et à délivrer les chiffres contenus dans les business plans. Le risque est de deux ordres :

– qualité des actifs achetés,
– qualité de l'intégration puis de l'exécution du business plan.

L'acheteur acceptera parfois de payer un peu plus cher s'il peut aller vite dans le processus d'intégration (encore faut-il qu'il ait élaboré un plan structuré) et s'il peut rapidement mettre en place les plans appropriés.

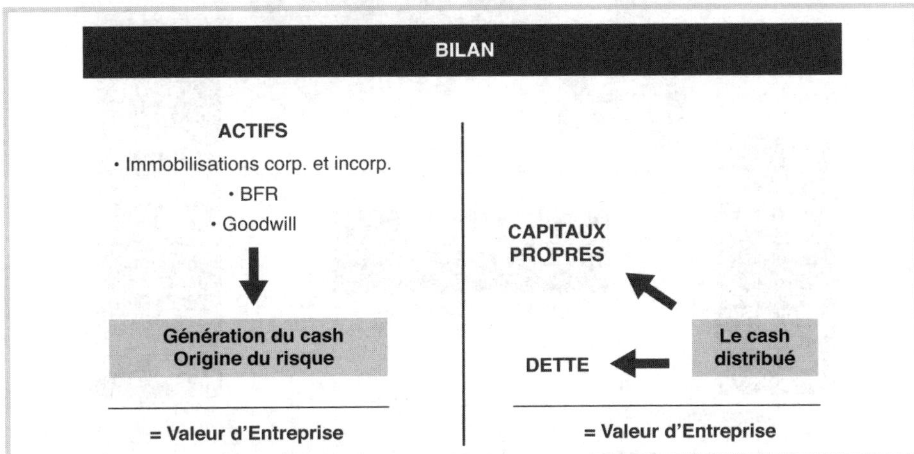

2.2 Approche Discounted Cash Flow

Il est très rare que l'on se projette au-delà des 5 prochaines années.

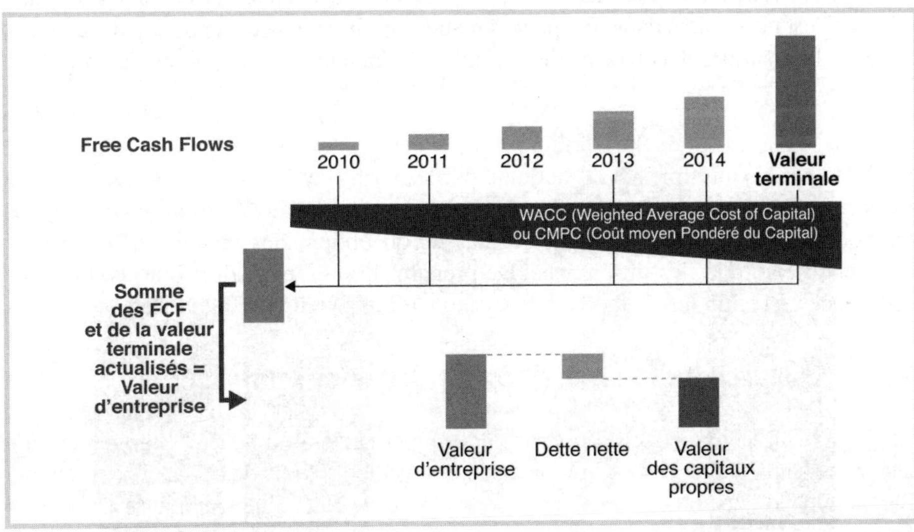

2.3 Concilier les différentes visions de la valeur

Acheteur et vendeur élaborent chacun de leur côté des business plans. Ils ne sont jamais réconciliés entre eux. Chacun a son jeu d'hypothèses. Un certain nombre d'éléments hors exploitation doivent souvent être analysés à part pour tenter d'objectiver les calculs : immobilier (dedans ou dehors), fiscalité (reports déficitaires ?), litiges éventuels (départ des dirigeants ?). Le recours à des experts est souvent nécessaire.

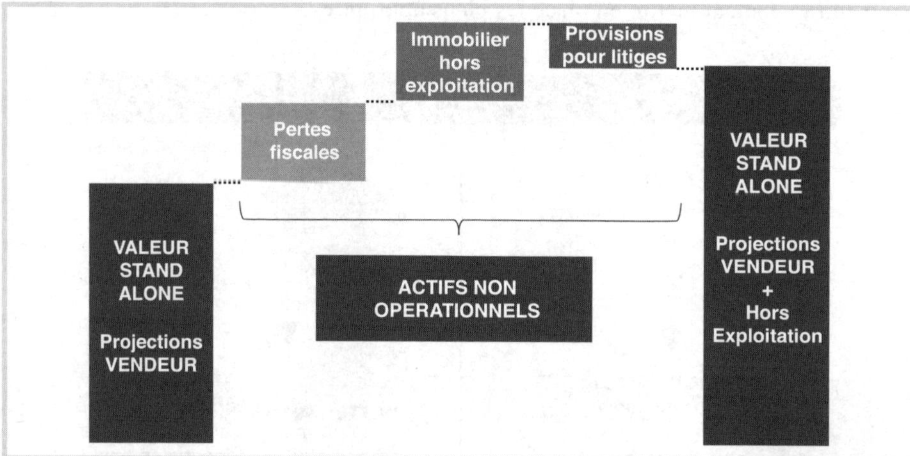

2.4 Concilier les différentes visions de la valeur de marché

Souvent, même après retraitement des éléments hors exploitation, les business plans des acheteurs et des vendeurs ne se réconcilient pas. Chacune des parties continue d'inclure dans ses simulations des éléments irrationnels liés le plus souvent à des histoires d'égos. C'est notamment dans ce type de situations qu'il est utile de recourir à des conseils externes. Ils contribuent à objectiver les calculs, à les rationnaliser de part et d'autre.

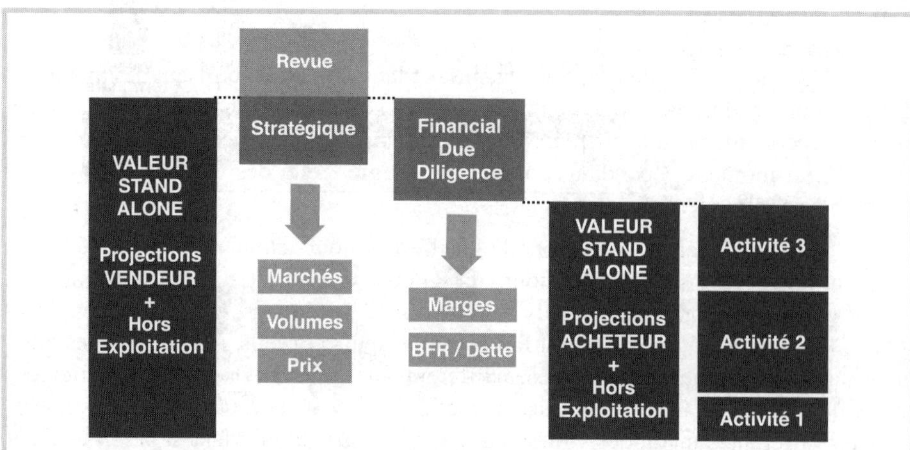

2.5 Estimer la valeur des synergies

Une des difficultés pour l'acquéreur, qui n'a pas accès à toutes les données concernant la cible (mais seulement à des synthèses ou à une sélection de données qui avantagent le vendeur), consiste à évaluer les synergies potentielles avec la cible. En théorie, l'acquéreur ne devrait pas payer au vendeur des synergies que lui seul contribuera à réaliser dans le futur. Dans la pratique, le vendeur, sans connaître les plans de l'acheteur, estime de son coté les synergies possibles que l'acquéreur pourra réaliser, afin de faire monter les enchères.

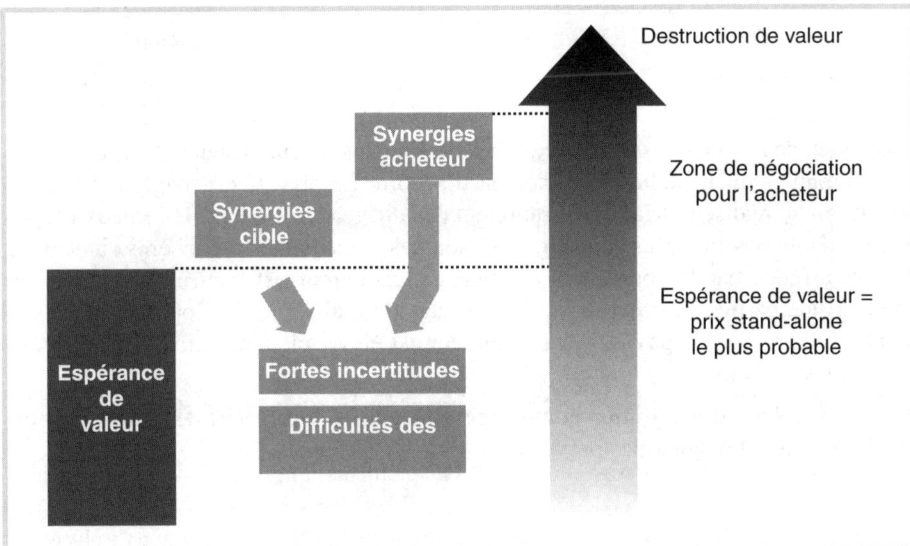

2.6 Conclusion

Acheteur et vendeur ont des business plans différents, utilisent des méthodes d'évaluations différentes, calculent des synergies chacun de leur côté et n'arrivent jamais à réconcilier leurs chiffres. Mais progressivement, par itération, ils se rapprochent. À un moment cependant, comme par magie, celle des chiffres ou du commerce, ils se rejoignent sur un prix.

Le schéma ci-dessous rappelle qu'il est toujours étonnant de constater qu'à la fin du processus (qui prend toujours du temps), vendeur et acheteur se rejoignent autour d'un même prix, même s'ils sont de tailles différentes, de nationalités différentes. Chacun de leur côté, ils ont fait travailler leurs conseils, ont élaboré des business plans avec des jeux d'hypothèses différents, des niveaux de synergies anticipées très différents aussi. Chacun a utilisé sa méthode d'évaluation ou sa propre pondération des différentes méthodes s'il en a utilisé plusieurs. Et pourtant, à la fin, vendeur

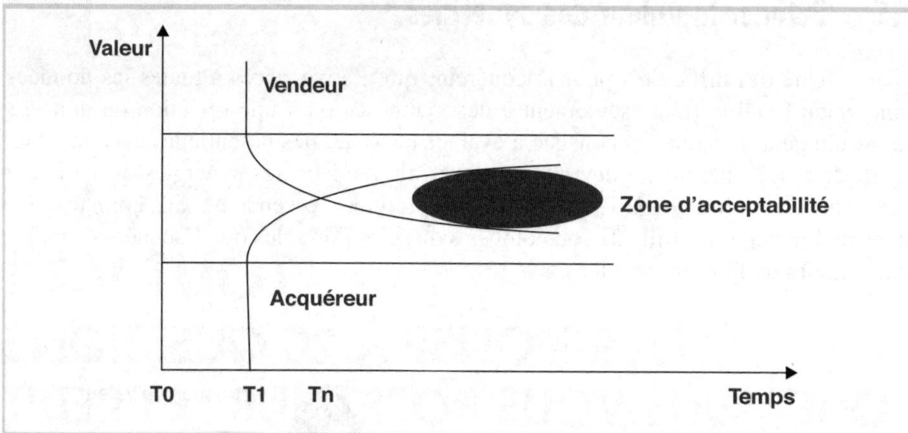

et acheteur se retrouvent sur un prix. C'est d'ailleurs souvent la seule chose qu'ils ont en commun et sur laquelle ils se mettent d'accord. Le prix. C'est magique ! Car les opérations se réalisent. Malgré l'irrationnel des dirigeants ! Malgré les enjeux d'égos entre les hommes ! Le plus souvent, en raison des mécanismes d'enchères ou de mise en concurrence par les banquiers d'affaires, l'acquéreur est contraint de payer au vendeur une partie des synergies qu'il envisage de réaliser après l'opération. Plus le montant des synergies payées par l'acquéreur est élevé, plus important sera le goodwill dans ses comptes.

La phase d'intégration commence. Elle aura pour objectif de réaliser au plus vite le montant des synergies prévues.

CHAPITRE 1

QUAND LE CRÉDIT VA... TOUT VA !

LA RÉPONSE À 20 QUESTIONS QUE VOUS VOUS POSEZ SUR LE CRÉDIT ET SUR LES BANQUIERS !

SOMMAIRE

1. POURQUOI CE CHAPITRE ?

La recherche et la mise en place du financement des opérations de fusion-acquisition est théoriquement un sujet que l'on traite avant le closing... L'expérience démontre que le financement est rarement là au moment où l'on en a besoin. Avec pour conséquence des opérations qui traînent en longueur voire qui n'aboutissent pas. Les raisons sont toujours les mêmes : soit l'on s'y est pris trop tard, soit les banques imposent des conditions ou des délais qui retardent la finalisation de la transaction. Sans compter les cas, très fréquents dans la pratique, où l'on achète l'entreprise sans avoir au préalable « bouclé » le financement, par manque d'expérience, par négligence (« *On verra plus tard ! Nos banquiers nous font confiance ! Ils vont nous suivre !* ») ou par manque de temps (« *On ne peut faire le deal et en même temps chercher le financement... Faut choisir !* »).

C'est une évidence, finaliser une transaction sans avoir préalablement mis en place son financement fait courir un danger très important à l'entreprise qui achète. Ce danger, par défaut, consiste à devoir financer l'opération sur sa trésorerie opérationnelle courante. Or cette dernière a vocation à financer le besoin en fonds de roulement (clients, stocks, etc.) mais pas les opérations exceptionnelles. Réaliser une acquisition avec la trésorerie courante de l'entreprise lui fait courir un risque de manque de liquidités. Mais la tentation est souvent grande de payer « cash » une acquisition car c'est une opportunité de la payer moins cher. Les vendeurs sont parfois « pris à la gorge » et préfèrent traiter avec un acheteur qui paye rubis sur l'ongle plutôt qu'avec un acquéreur qui les entraînera dans un processus long « agrémenté » de conditions suspensives liées aux aléas d'obtention du crédit... l'acheteur pouvant toujours se rétracter au dernier moment sous prétexte de la non obtention de son financement.

Ce chapitre n'a pas pour but d'énumérer les différents modes de financement des acquisitions mais de rappeler un certain nombre de principes de bon sens qui créeront les conditions de la réussite de l'intégration. Le non respect de ces principes aura des conséquences très négatives sur la phase d'intégration. Le directeur général et le directeur financier passeront alors les 100 jours suivant l'acquisition à faire le tour des banques au lieu de s'occuper de la cible… et de travailler à la mise en place des synergies.

Nous l'avons constaté dans la pratique : le financement des opérations de fusion-acquisition est un sujet sur lequel les gens ont des idées bien arrêtées. Il convient toutefois de rappeler un certains nombre de questions à se poser.

2. QU'Y A-T-IL À FINANCER ?

C'est la première question à se poser. Trois solutions sont possibles :

- les titres de la société que l'on achète,
- les titres de la société que l'on achète + le BFR (besoin en fonds de roulement),
- les titres de la société que l'on achète + le BFR (besoin en fonds de roulement) + les projets de développement de la société.

En fonction de la réponse à cette question, les montants à financer seront très différents. La réponse numéro 2 correspond par exemple au cas du spin off. Une société rachète à un groupe une sous-partie de son activité (division, filiales, etc.). Le groupe qui vend finançait le BFR de son activité par des comptes courants ou un cash pooling. Au moment de la cession, ce groupe va retirer ses financements. Il faut l'anticiper.

3. NE PEUT-ON COMPTER SUR LE CASH DISPONIBLE DANS LA CIBLE ?

S'il y a de la trésorerie dans la cible, c'est une bonne nouvelle mais il est préférable de ne pas compter uniquement sur cet argent disponible. Le cash dans la cible donne de la flexibilité pour faire face aux aléas éventuels. C'est tout. De plus, dans la pratique, au dernier moment, il est fréquent que les vendeurs reprennent tout ou partie de la trésorerie disponible dans la cible (distribution de dividendes, remboursement de compte courants, remboursement du factor, etc.). Une bonne pratique consiste donc à bien anticiper le comportement du vendeur dans les derniers jours précédant la finalisation de la transaction. Voire à chiffrer précisément et à sécuriser juridiquement cet aspect en définissant dans les détails ce que l'on s'attend à récupérer comme trésorerie dans la cible le lendemain du closing. De nombreuses définitions de ce que l'on appelle « la trésorerie normative » sont possibles… D'une définition à l'autre, les montants peuvent varier très significativement. Sans compter ensuite les risques de contentieux ou de mise en jeu de la garantie de passif.

4. NE DOIT-ON PAS FINANCER PLUS QUE LES BESOINS APPARENTS ? DOIT-ON PRÉVOIR UNE RALLONGE AU CAS OÙ ?

C'est une évidence, l'intérêt de l'entreprise qui achète n'est pas de « surfinancer » son acquisition. Elle risque de payer 6 à 7 % d'intérêts sur la dette à moyen terme et de placer à court terme les liquidités dont elle n'a pas besoin. Les excédents seront rémunérés au mieux à 1 ou 2 %. Mécaniquement, elle perdra donc 5 % par an sur les montants financés en trop.

Dans la pratique, si on achète une entreprise, c'est parce qu'on a pour elle des projets de croissance ou que l'on envisage de dégager des synergies. Tout le monde aimerait acheter une entreprise en croissance valorisée sur la base d'un business plan qui serait plat. Il y a toujours une suspicion, du côté des banquiers, pour ce qui n'est pas plat. Notamment quand la courbe de croissance des prochaines années est trop forte. Que celle-ci se réalise ou pas, les investissements devront toujours être faits avant que les profits se réalisent. Il y aura toujours à financer au minimum le développement de nouveaux produits, des frais de maintenance, l'achat de machines ou d'équipements, l'embauche de commerciaux, la fabrication des stocks, des frais de marketing ou de publicité, etc.

Il est donc toujours préférable de prévoir un montant supplémentaire pour faire face à des aléas. De même, il est souhaitable de prévoir, en plus du financement des titres et du développement, une ligne de crédit pour les capex (investissements).

5. QUEL EST L'HISTORIQUE DE CONFIANCE DANS NOS RELATIONS AVEC NOS BANQUIERS ?

Souvent, l'entreprise qui achète surestime la qualité de sa relation avec son ou ses banquiers. Le plus souvent, cette relation est incarnée par le chargé de comptes. « *Tout se passe bien. Nous n'avons jamais eu d'incidents. Nos banquiers nous suivront !* ». La relation classique avec ses banquiers dans le cadre du fonctionnement normal des comptes (remise des encaissements, découvert, escompte, crédit documentaire, etc.) sera forcément perturbée si, du jour au lendemain, on vient leur demander de financer une acquisition. Même si la relation date de 10 ans. L'interlocuteur dans l'établissement bancaire ne sera plus compétent. Il devra en référer à ses supérieurs. Il devra monter des dossiers, prendre des risques. Cela le changera de son « train-train » quotidien. Dans le cadre d'une opération de build up, la vraie question à se poser est la suivante : « *Avons-nous déjà emprunté à moyen terme à nos banquiers autrement que pour financer en leasing les trois véhicules des commerciaux ?* ». Si la réponse est négative, mieux vaut anticiper et commencer suffisamment tôt à consulter d'autres banquiers.

6. QUE FAIT L'ACTIONNAIRE ?

Une entreprise de 100 millions d'€ de chiffre d'affaires réalise un Ebitda (Earnings before income taxes, amortization and depreciation) de 7 millions d'€ et n'a aucun endettement. Elle va voir son banquier et lui demande un financement de 15 millions d'€ pour acheter une entreprise qui réalise 2 millions d'Ebitda.

Risque pour le banquier : zéro !

Question du banquier : Que fait l'actionnaire ?

La banque exigera un apport par l'entreprise de 5 millions d'€.

La question sera toujours posée par le banquier. Autant l'anticiper.

7. VOUS CHERCHEZ 5 À 10 MILLIONS DE DETTES ?

Les banquiers, crise oblige, sont de plus en plus frileux. Ils n'ont pas d'autre choix. La réglementation les y contraint (Bâle 3). Ils vont donc vous proposer un « club deal », c'est-à-dire d'effectuer l'opération, mais à plusieurs banques. Là encore, il faut l'anticiper. Consultez 5 ou 6 établissements bancaires très en amont. Ainsi, vous serez plus sûr d'en avoir 3 ou 4 prêts à vous suivre à la fin du processus.

8. SACHEZ DONNER À MANGER À VOS BANQUIERS !

Les banquiers ont faim. Ils recherchent tous la même chose : un PNB (Produit Net Bancaire) récurrent. Beaucoup d'entre eux ont subi de lourdes pertes (dettes souveraines, etc.). Ils doivent reconstituer leurs fonds propres et donc leurs marges. Le niveau des marges et des commissions est donc de plus en plus élevé. Beaucoup d'entreprises pensent que parce qu'elles ont déjà réalisé une opération, les conditions n'augmenteront pas. C'est faux. Les marges et les commissions des banques ont tendance à augmenter. Donc, anticipez. Vérifiez bien qu'à la fin du processus vous aurez de quoi « donner à manger » à 3 ou 4 banques. Un banquier qui est mal rémunéré ou qui considère être mal rémunéré par rapport aux autres vous lâchera à la première occasion (voir paragraphe sur les covenants).

9. JUSQU'À QUEL MONTANT LES BANQUIERS SONT-ILS DISPOSÉS À PRÊTER ?

Nous avons vu dans l'exemple ci-dessus que les banquiers poseront systématiquement la question : « Que fait l'actionnaire ? ». Même si l'opération ne présente aucun risque, les banquiers ne prêteront jamais plus de 50 à 70 % de la valeur de l'entreprise. Et 70 %, c'est uniquement dans le cas particulier des build up. Il y a une sorte de prime (vue du côté du banquier) pour ce type d'opérations. Le banquier considère que l'entreprise connaît déjà très bien son secteur, qu'elle y joue un rôle moteur. Il est disposé, en théorie, à prêter un peu plus. Notamment quand l'entreprise a déjà réalisé et intégré avec succès plusieurs opérations du même type. En revanche, le banquier ne s'engagera pas au-delà de 2,5 à 3 fois l'Ebitda.

Les banquiers aiment qu'il y ait du cash disponible dans la cible. Cela donne de la flexibilité dans le montage financier et des marges de manœuvre sur les covenants (ratios bancaires).

10. VOUS AVEZ DIT COVENANTS ?

Il est très important de préciser si les covenants sont calculés sur la cible ou sur le nouvel ensemble consolidé. Rester flou sur ce sujet entraînera plus de problèmes à l'emprunteur qu'au banquier. Celui-ci-prétextera d'un bris de covenants pour renégocier et exiger de nouvelles commissions… qui peuvent être très significatives. Donc mieux vaut anticiper et décrire précisément sur quelle entité on calcule les covenants.

11. QUID DE LA CAUTION PERSONNELLE DES DIRIGEANTS ?

S'il y a un ou plusieurs fonds d'investissement aux côtés du dirigeant, le banquier ne demandera pas de caution personnelle. S'il y a un ou plusieurs fonds impliqués dans l'opération, c'est que celle-ci est d'une certaine envergure et donc, dans tous les cas, la caution du dirigeant ne suffira pas en cas de problème. Pour le banquier, avoir en face de lui des actionnaires professionnels aux côtés du ou des dirigeants représente une sécurité. Par contre, les fonds d'investissements demanderont souvent au dirigeant ou à l'équipe dirigeante d'investir à leurs côtés.

Exemple de montage réussi :

Une entreprise de distribution de matériel médical a été évaluée 20 millions d'euros. Le fonds d'investissement investit 12 millions. Le dirigeant investit 2 millions. Les banquiers, en l'occurrence deux, prêtent 8 millions. Total = 22 millions desquels il faut déduire les frais de la banque d'affaires, le coût des audits, des conseils juridiques et financiers, etc., soit 2 millions environ.

22 millions – 2 millions = 20 millions.

Les banquiers n'exigent pas de caution bancaire de la part du dirigeant. En revanche, le fonds demande au dirigeant d'investir à ses côtés environ 15 % du montant de la transaction.

12. DANS LA RELATION AVEC LES BANQUIERS, DOIT-ON TOUT ÉCRIRE ?

Il y a encore quelques années, c'était le règne du « *qui ne dit mot consent !* ». Les temps changent. Cette époque est révolue. Aujourd'hui, tout ce qui n'est pas écrit sera difficile à obtenir plus tard des banques… Donc, plus on met de flexibilité dans le montage, mieux c'est. Par exemple, il est toujours utile de prévoir et de négocier une ligne de capex (pour des investissements futurs).

13. DANS QUEL ÉTAT PSYCHOLOGIQUE SONT LES BANQUIERS ?

En période de crise, mieux vaut ne rien faire que de commettre des erreurs. Une erreur par action est beaucoup plus visible qu'une erreur par omission (qui laisse peu de traces !). Vos interlocuteurs dans les banques font comme tout le monde. Ils gèrent des budgets, des statistiques, etc. Ils ont une hiérarchie au dessus d'eux à qui ils rendent des comptes. Les banquiers ont faim mais ils gèrent aussi leur image sur le marché et leur carrière en interne dans la banque. Un banquier se fera moins reprocher par sa hiérarchie une opération non finalisée qu'une opération qui dérape et part aux « affaires spéciales » (service contentieux de la banque).

14. QUELLES CONSÉQUENCES TIRER DE TOUT CE QUI PRÉCÈDE EN TERMES DE GESTION DE LA RELATION BANCAIRE ?

La tendance du côté des banques consiste à vous proposer un « club deal », c'est-à-dire de réaliser l'opération à plusieurs (ce qui pour les banquiers limite les risques financiers et d'image en les mutualisant). L'entreprise qui s'endette doit anticiper un coût de gestion (temps à passer) des banques plus important que par le passé. Tout doit être fait en double ou en triple. Parfois, cela peut monopoliser une personne à temps plein (le directeur financier ou le dirigeant) pendant quelques semaines ou quelques mois.

15. PEUT-ON PARLER DE « CONSTIPATION » DU SYSTÈME ?

La période 2006-2008 a vu bon nombre d'entreprises être rachetées pour des montants qui représentaient 6, 8 et même parfois 10 fois l'Ebitda. Les banquiers prêtaient 70 % de ces sommes.

Aujourd'hui, les multiples ont baissé (on parle plutôt de 4 à 5 fois l'Ebitda) financés à 50 % en dette et 50 % en fonds propres. Les banquiers sont « surconscients » des risques. Ils pratiquent le « wait & seat » et prennent le temps d'analyser tous les risques :

- risque d'acquisition (paye-t-on trop cher ?),
- risque d'intégration (les 100 premiers jours suffiront-ils pour dégager les premières synergies ? De quelle expérience dispose le mangement de

l'acheteur pour intégrer une entreprise et la gérer à distance ? Jusqu'à présent, le dirigeant travaillait à Brest et vivait à Brest. Aura-t-il le courage d'aller passer du temps toutes les semaines à Mulhouse pour s'assurer que tout se passe bien ?),
- risque d'exécution du business plan (le business plan est-il réaliste ?).

Toutes ces analyses réalisées par les banques ralentissent le processus. Pendant ce temps, le vendeur peut changer d'avis et décider de ne plus vendre. Car pour acquérir une entreprise, il faut bien sûr que le vendeur vende.

16. LES BANQUIERS REGARDENT-ILS LE BUSINESS PLAN DANS LES DÉTAILS ?

Les banquiers ne sont les spécialistes d'aucun secteur. Ou tout au moins connaissent-ils en général moins bien le secteur que les dirigeants de l'entreprise. Ils vont se poser des questions de bon sens concernant la cohérence et la solidité du business plan.

Exemples de questions posées par les banquiers :

- Qui a élaboré le business plan ? Le dirigeant ? Le directeur financier ? Un cabinet externe reconnu l'a-t-il validé ?
- Quelles sont les hypothèses retenues pour le chiffre d'affaires ? Qui sont les clients ? Comment définit-on ce qu'est un client ? Quelle assurance a-t-on que les clients actuels vont rester ?
- Quel dispositif sera mis en place pour l'intégration ?
- Quelle équipe va garantir la bonne exécution du business plan ? Le dirigeant seul ? Que se passe-t-il s'il vient à disparaître ?

Les banquiers élimineront les business plans non crédibles ou non documentés. Parfois, ils exigeront des VDD. Les banquiers sont des gens prudents et qui regardent le long terme. Ils se méfieront des business plans sur-vitaminés, gonflés à la testostérone… Ils regarderont toujours le scenario du milieu ou celui qui est plat.

17. POURQUOI PARFOIS LES VENDEURS NE VEULENT-ILS PLUS VENDRE ?

Exemple de raison objective :

- Pendant le processus, le vendeur peut enregistrer de nouvelles commandes, signer de nouveaux marchés et vouloir en conséquence augmenter le prix de vente.

Exemples de raisons subjectives :

- Le vendeur a peur de s'ennuyer s'il prend sa retraite…

– Le vendeur réalise qu'il va toucher un gros chèque mais que finalement il ne sait pas quoi faire de cet argent. Le placer à la banque avec une rémunération de 2 % ? Tout le monde n'a pas une jeune épouse ou un jeune époux. Tout le monde n'a pas une passion… Il trouve cette rémunération très faible ; sans compter le risque que la banque fasse défaut ! Il décide de gérer son argent lui-même, c'est-à-dire de ne plus vendre. Il bénéficie en outre d'un certain nombre d'informations et d'idées fournies par les candidats acquéreurs et leurs conseils pour redynamiser son entreprise.

18. LE CRÉDIT VENDEUR : UNE SOLUTION QUI SATISFAIT TOUT LE MONDE ?

Le crédit vendeur limite le risque des banquiers. Il les rassure sur la qualité de la chose vendue.

Le vendeur, une fois qu'il a fait ses calculs, va parfois préférer être rémunéré à 5 % par la société pendant quelques mois ou quelques années plutôt que de recevoir tout de suite un gros montant qu'il déposera à la banque sur un compte rémunéré à 2 % seulement.

L'acheteur est aussi sécurisé. Le fait que le vendeur consente un crédit et touche son argent en plusieurs échéances, évite que le vendeur qui s'ennuierait à la maison au bout de trois mois recrée une activité similaire (même s'il a signé une clause de non concurrence).

Bien souvent, le crédit vendeur, en plus de rassurer tout le monde, est une condition demandée par l'une des parties pour réaliser l'opération. Soit il y a un crédit vendeur soit on ne fait pas l'opération.

19. QUELLES BONNES PRATIQUES RETENIR DE CE CHAPITRE CONSACRÉ AU FINANCEMENT D'UNE OPÉRATION DE FUSION-ACQUISITION ?

– Il est impératif de boucler son financement avant d'acquérir une entreprise. Si tel n'est pas le cas, il faudra prévoir des ressources supplémentaires pendant la phase d'intégration car les mêmes personnes (souvent le dirigeant et le directeur financier) ne pourront pas tout faire « bien » en même temps.
– Le processus pour monter un financement prend entre 3 et 6 mois. Ce délai repousse d'autant la phase d'intégration.
– Pendant cette période longue et intense de recherche de financements, il ne faut pas oublier de s'occuper du vendeur, de bien le gérer, de le maintenir en attente… Car il peut toujours changer d'avis ! Plus le processus

de recherche des financements est long, plus le vendeur pourra hésiter, changer d'avis, consulter d'autres acquéreurs ou remonter son prix.

20. LES GRANDS GROUPES SONT-ILS PLUS RAPIDES QUE LES PME/PMI ?

En théorie, les grands groupes disposent de ressources plus importantes que les PME/PMI pour réaliser des acquisitions. Dans la pratique, on constate les mêmes délais car souvent les grands groupes sont gérés par des systèmes de management matriciels… De nombreuses personnes ont leur mot à dire sur la transaction, mais il n'y a personne pour décider…

CHAPITRE 2

RAPPEL DU CONTEXTE DES OPÉRATIONS DE FUSION-ACQUISITION

SOMMAIRE

Les opérations de fusion-acquisition sont complexes et très diverses. Un livre ne suffirait pas à les décrire toutes. Qu'il s'agisse du rapprochement de deux entreprises, d'une opération de croissance externe, d'un apport partiel d'actif, d'un LBO, d'un build up, d'un spin off, d'un carve out, d'une fusion, d'une absorption… Que le vendeur reste au capital avec un statut de minoritaire ou qu'il cède l'intégralité de ses actions… Chaque cas est différent.

1. QUELS OBJECTIFS RECHERCHE-T-ON ?

Les objectifs recherchés sont très divers également. On peut citer parmi ceux-ci :

- un changement d'orientation stratégique,
- une diversification,
- une complémentarité géographique (recherche de nouveaux débouchés) ou de produits (étoffer un catalogue),
- des économies d'échelle,
- un accès à de nouveaux marchés, de nouveaux réseaux ou référencements,
- une croissance plus rapide,
- l'atteinte d'une taille critique,
- une meilleure assise financière,
- etc.

A priori, on cherche toujours à créer de la valeur pour l'actionnaire.

Mais les objectifs poursuivis sont parfois moins clairs. Par exemple, quand on cherche à créer de la valeur pour une partie seulement des actionnaires ou uniquement pour les managers. Nous citons ci-dessous quelques exemples d'objectifs moins clairs rencontrés dans la pratique :

- neutraliser un concurrent,
- mettre la main sur un actif (marque, brevet, terrain, compte clients que l'on va mobiliser, équipe R & D, etc.) sans se préoccuper du reste,
- toucher une prime, obtenir un avantage,
- préparer une cession ultérieure,
- envoyer un signal au marché,
- occuper ses équipes M & A,
- renvoyer un ascenseur,
- utiliser sa trésorerie plutôt que de devoir la rendre,
- montrer qu'on est toujours dans le coup,
- etc.

Moins les objectifs sont clairs ou avouables, plus le risque est important in fine soit de ne pas créer de la valeur soit d'en détruire.

2. BIEN CERNER LE CONTEXTE DES OPÉRATIONS DE FUSION-ACQUISITION ET LES MOTIVATIONS DES PERSONNES QUI LES MÈNENT. LE CAS D'ORNOFRIO : UN EXEMPLE DE CAS PRATIQUE D'ENTREPRISE FAMILIALE.

Ce cas est tiré de notre imagination. Toute ressemblance ou similitude avec des faits existants ou ayant existé serait fortuite et non avenue.

Les frères D'ORNOFRIO sont des entrepreneurs, des entrepreneurs et des aventuriers ! Ils sont quatre (comme les Dalton) : Gianni, Paolo, Alberto et Octavo. Leur grand père, Emilio D'ORNOFRIO, immigré italien, est arrivé dans la région du Limousin en 1923. Il était artisan bijoutier. Passionné de pêche à la mouche, il a eu l'idée d'élever des truites et a créé une entreprise : les Piscicultures du Limousin. Cette entreprise familiale s'est développée pour atteindre aujourd'hui un chiffre d'affaires de 35 millions d'euros.

Attiré par les grands espaces et la vie au grand air, Gianni, l'aîné de la famille, est parti il y a 15 ans faire fortune aux États-Unis. Il a préféré quitter la France suite à une bagarre avec un client qui ne payait pas. Il a tout de même été condamné à deux mois de prison avec sursis. Il a trouvé la condamnation injuste et est parti sur un coup de tête (c'est le cas de le dire !). Installé dans le Nord de la Californie et après avoir exercé plusieurs petits métiers, il est maintenant chercheur d'or et exploite plusieurs concessions. Il aime cette vie en pleine nature, parmi les ours et les élans.

Depuis le départ de Gianni, Paolo, Alberto et Octavo dirigent l'entreprise. Ils détiennent chacun 1/3 du capital conformément à la volonté de leurs parents (morts dans un accident de la route il y a 25 ans). Aujourd'hui, l'entreprise est au carrefour de son développement. Elle produit des truites, des saumons, des esturgeons et des anguilles. Malgré le fait que Paolo ait suivi quelques cours du soir à Limoges, les frères D'ORNOFRIO ont été particulièrement négligents pour tout ce qui concerne la gestion :

- Les comptes sont comme chaque année très en retard,
- Il n'y a ni comptabilité analytique, ni reporting mensuel, ni contrôle de gestion,
- Il n'y a ni prévision de trésorerie, ni prévision d'exploitation, ni budget, ni business plan,
- Il n'y a pas de gestion de stock, pas de carnet de commandes,
- Le logiciel comptable est obsolète,
- Etc.

L'entreprise est gérée au jour le jour. Les résultats de l'année sont connus à la fin de l'année (une fois le bilan établi ; en général en juin, soit quelques jours seulement avant l'Assemblée Générale).

Pour faire face au développement de l'entreprise, les trois frères ont suivi les recommandations de leurs banquiers (qui les tannaient depuis des années) et décidé enfin d'embaucher un directeur financier. Il était temps ! Afin de préparer son arrivée lundi prochain, les frères ont prévu de se réunir demain. Le but de la réunion consiste à définir les priorités d'action du directeur financier pour les prochaines semaines. En fonction de leurs projets ou de leurs agendas personnels, chacun des frères va essayer d'imposer ses vues aux deux autres.

2.1 Paolo (la tête de la famille)

Paolo est maire de son village. Il a deux fils qui travaillent dans l'entreprise. Il est inquiet car il a vu rôder Alberto à la comptabilité. Il l'a vu toucher au serveur. Ce n'est pas son habitude. Alberto, le fêtard, préfère les bars et ses amis rugbymen. Il termine régulièrement ses « beuveries » de 3e mi-temps ou ses parties de chasse tard dans la nuit dans les locaux de l'entreprise.

Paolo est aussi préoccupé par la mise en place du dossier « crédit bail » avec la banque. Il s'agit de doubler la capacité des bassins (croissance des activités à l'export et lancement de l'activité « brochets »). La banque demande des papiers (toujours plus et quasiment tous les jours). Cela prend plus de temps que prévu. Cela l'agace.

Il est également très énervé car un client très important de l'entreprise, un grossiste de Rungis, n'a pas payé ses factures depuis 3 mois.

2.2 Alberto (le play-boy)

Alberto est en train de divorcer. Il n'en a pas encore parlé à ses frères mais cela se passe très mal avec son épouse. Elle en a assez de sa vie de noctambule. Il aimerait bien aller s'installer ailleurs. Il veut forcer ses frères à investir dans l'ostréiculture. Aidé d'un de ses amis chasseur, par ailleurs avocat, il a repéré deux entreprises à vendre : une dans le bassin d'Arcachon et une autre en Bretagne Nord, près de Cancale. L'air marin lui ferait le plus grand bien, pense-t- il. Et puis, il est encore jeune. Il peut refaire sa vie. Des copains chasseurs, on en trouve partout. Il pourrait s'acheter un bateau. L'année dernière, au salon nautique de La Baule, il en a essayé un qui lui conviendrait bien.

Problème : il faut trouver 1,2 millions d'euros pour l'acquisition et encore 3 à 4 millions pour financer le BFR… Il a déjà pris des contacts avec plusieurs banques : la Société Nantaise de Crédit, la Financière du Finistère et les Mutuelles Agricoles d'Armor. Chacune d'elles demande à constituer un dossier pour aller plus loin.

2.3 Octavo (le petit dernier)

Octavo veut rejoindre au plus vite son frère Gianni aux USA. Il y a beaucoup d'argent à gagner là bas, lui a-t-on dit. Surtout depuis que le cours de l'or a été multiplié par trois. Gianni est très ami avec un des cousins du mari de Sarah Palin. Il peut l'aider à obtenir des permis d'exploitation en Alaska. Octavo est très excité à l'idée de partir et de voler de ses propres ailes, libéré du poids des contraintes familiales. L'Alaska le fait « fantasmer », surtout depuis qu'il a téléchargé [1] le film de Sean Penn *Into the Wild*. Il ne pense plus qu'à cela… Comment faire ?

Il a consulté plusieurs cabinets de M & A et leur a fait part de son intention de vendre ses parts. Un des fonds d'investissements de la région est intéressé : Poitou Charentes Private Equity. Ils ont commencé à parler d'argent mais faute de chiffres, la discussion est en attente. Peut-être a-t-il consulté trop de cabinets de conseils car le téléphone de l'entreprise n'arrête pas de sonner. Ses frères commencent à se demander ce qui se passe…

2.4 Commentaires sur le cas

Comme souvent dans les entreprises, on se côtoie, on vit ensemble mais on ne se parle pas. Chacun des frères a son agenda personnel et ne l'a pas partagé avec ses frères :

- Paolo veut investir, développer l'entreprise à partir de l'existant et la pérenniser.
- Alfredo veut fuir l'environnement familial et diversifier l'entreprise par une acquisition dans un secteur d'activité connexe qu'elle ne connaît pas encore.
- Octavo souhaite vendre ses parts.

Le directeur financier aura du mal à faire converger tous les points de vue. Néanmoins, même dans cette situation un peu caricaturale, il y a moyen de trouver un « plus petit dénominateur commun » pour la mission du directeur financier. Notamment :

- Investir dans la gestion (comptabilité, systèmes d'information et contrôle de gestion) afin de sortir des chiffres rapidement. Cette étape est indispensable pour faire le point (l'entreprise est-elle rentable ?) et valoriser l'entreprise,
- Accélérer le recouvrement des créances clients et mettre en place des processus qui permettent de réduire les encours clients et de sécuriser la trésorerie,
- Interrompre tous les contacts avec l'extérieur (banquiers, fonds d'investissements, etc.) tant que l'on n'a pas défini une stratégie d'ensemble. La dispersion dans les contacts est susceptible d'engendrer des rumeurs,

1. Légalement : les frères d'Ornofrio ne sont pas des délinquants !

d'apporter un discrédit et de nuire aux intérêts de la famille et donc à chacun de ses membres,
- Mettre rapidement en place entre les trois frères et le directeur financier un calendrier de réunions de travail visant à lui fixer des objectifs précis et à lui permettre de rendre compte de ses travaux.

3. SAVOIR ATTENDRE LE CONTEXTE FAVORABLE...

Ce cas pratique nous permet de tirer un certain nombre d'enseignements :

- La recherche de financements vient toujours après la réflexion stratégique,
- L'absence de chiffres rend difficile voire impossible le choix entre plusieurs stratégies (vendre, acheter, investir, se diversifier, faire entrer un nouvel actionnaire) et conduit à rendre toute stratégie inopérante,
- Les intérêts personnels de certains actionnaires ou de certains dirigeants, souvent très éloignés de la vie et des intérêts de l'entreprise, influencent la stratégie et peuvent lui nuire par trop de précipitation ou par trop d'inertie,
- Il est inutile voire dangereux de parler au marché tant que la stratégie et les chiffres n'ont pas été confrontés voire alignés.

La stratégie gagnante est toujours celle que l'on met en place dans le bon contexte. Il y a deux leviers d'action possibles :

- Prendre acte du contexte et définir une stratégie en rapport avec celui-ci,
- Travailler à améliorer le contexte pour le rendre plus favorable.

Il est toujours plus facile de réussir une acquisition et son intégration dans un contexte favorable : disposer de chiffres fiables, réaliser l'opération avec des personnes qui y ont intérêt et qui sont motivées. Parfois, il est préférable d'être patient et d'attendre que le contexte redevienne plus favorable.

CHAPITRE 3

LES PRINCIPALES CAUSES D'ÉCHEC DES OPÉRATIONS DE FUSION-ACQUISITION

20 BONNES PRATIQUES TIRÉES DE L'EXPÉRIENCE DU TERRAIN

Sommaire

1. LES CONSTATS TIRÉS DE L'EXPÉRIENCE DU TERRAIN

Les constats ci-dessous sont tirés de plus de 300 missions réalisées depuis 10 ans en France et à l'international dans des contextes d'opérations de croissance externe mal maîtrisées.

Avant la transaction, les entreprises consacrent des moyens et des ressources très importants pour analyser la cible, notamment au cours de la phase des due diligences. Celles-ci portent principalement sur :

- la stratégie de l'entreprise et son positionnement (les clients, les fournisseurs, le marché),
- la politique commerciale,
- l'environnement juridique,
- les assurances et les risques sociaux, industriels ou environnementaux,
- les comptes et la situation financière et fiscale.

Malgré cette débauche d'énergie, nous faisons toujours, crise ou pas crise, et partout (plus de 20 pays), les mêmes constats :

- Les acquéreurs méconnaissent le fonctionnement opérationnel de la cible. Les managers ont tendance à se dire : « *Nous verrons bien quand nous serons sur place* » ou encore : « *Nous en avons vu d'autres. Nous aviserons une fois entrés dans les lieux. Ne sommes nous pas les leaders sur notre marché ?* ».
- Les acquéreurs sous estiment le temps et les moyens nécessaires à l'intégration. Les managers sous estiment l'inertie ou la résistance au changement de la cible. Là où une intégration devrait ne pas prendre plus de 6 mois, il n'est pas rare de devoir y consacrer 18 mois à grands renforts de consultants externes…

2. CES CONSTATS SONT ACCENTUÉS PAR PLUSIEURS PARAMÈTRES

- Les transactions se déroulent de plus en plus sous forme d'enchères. Les acquéreurs prennent connaissance de la cible dans des « data rooms »…
- Les transactions concernent de plus en plus des entreprises implantées à l'international. L'éloignement, la barrière de la langue ou le choc des cultures sont autant de facteurs de complexité qui ralentissent la phase d'intégration.
- Les transactions prennent de plus en plus de temps. L'allongement de la durée des « deals », notamment en raison de la raréfaction et du renchérissement du crédit, a tendance à épuiser physiquement et nerveusement les équipes de la cible (sous pression pendant plusieurs mois). Le management de l'acquéreur peut avoir tendance, après la transaction, à les laisser souffler quelques semaines ou quelques mois au lieu de mettre immédia-

tement en place les changements d'organisation qui s'imposent. Trois ou six mois après le closing, c'est souvent trop tard. Les équipes ont repris leur « train-train » quotidien ou leurs vieilles habitudes....

Afin d'illustrer ces constats, nous présentons ci-dessous quatre exemples tirés de l'expérience du terrain et une vingtaine de bonnes pratiques.

2.1 Exemple numéro 1

Basée à Bordeaux, une société spécialisée dans la menuiserie PVC (45 M€ de chiffre d'affaires) rachète son concurrent dans la région de Lille (25 M€ de CA). Le directeur financier de la société bordelaise, qui s'était inscrit à un Masters de Finance en cours du soir, apprend la transaction le jour du closing. Son patron lui demande de passer trois semaines sur place à Lille puis ensuite de s'organiser pour passer entre deux et trois jours par semaine dans le Nord afin de piloter l'intégration. Après deux mois, le directeur financier démissionne. L'intégration dérape et s'effectue avec beaucoup de difficultés. 18 mois plus tard, elle n'est toujours pas complètement achevée...

Cinq bonnes pratiques tirées de l'exemple numéro 1

1. Impliquer l'équipe de direction et notamment le directeur financier et ses équipes en amont de l'opération. Le directeur financier doit tout particulièrement être impliqué sur les due diligences opérationnelles, l'élaboration du business plan et du plan d'intégration et enfin dans tout ce qui concerne le financement de l'acquisition.
2. Constituer une équipe de pilotage de l'intégration, assigner les responsabilités et les moyens ; nommer un pilote (souvent, ce rôle incombe au directeur financier ; encore faut-il qu'il l'accepte sincèrement, qu'il s'en sente capable et qu'il soit disponible et mobile pour le jouer).
3. Élaborer un plan d'intégration détaillé à 3 et 6 mois définissant les étapes clé, les ressources internes et externes à combiner sur le terrain et au siège.
4. Prévoir un budget d'intégration (penser que les équipes vont naturellement travailler davantage pendant la période d'intégration peut se révéler une grave erreur). Personne ne travaillera plus s'il n'y a pas intérêt !
5. Définir des indicateurs précis de réussite du projet et mettre en place les processus qui permettront de les mesurer : Qu'attend-on concrètement de l'acquisition ? À quel horizon ? Quels sont les niveaux de performance à atteindre qui permettront de conclure et donc de communiquer en interne et en externe que l'intégration est achevée et surtout réussie ?

2.2 Exemple numéro 2

Une société d'ingénierie et de conseil spécialisée dans l'énergie (800 personnes en France) achète une société dans son secteur d'activité en Roumanie (350 personnes). Le directeur financier, très motivé, va s'installer trois mois sur place. L'objectif est d'installer l'ERP du groupe dans la nouvelle filiale afin de pouvoir sortir les prochains comptes semestriels sur le même outil de comptabilité et de reporting.

Pendant qu'il s'investit en Roumanie, le directeur financier perd un peu le lien et le contrôle de ce qui se passe au quotidien dans la société française. Les comptes clients se dégradent de 18 jours, ce qui provoque une mini crise de trésorerie. Pas encadrée, l'équipe Finance du siège se disperse. Des conflits de personnes apparaissent. La chef comptable demande un congé sabbatique. Un contrôleur de gestion cherche ouvertement du travail ailleurs…

Cinq bonnes pratiques tirées de l'exemple numéro 2

1. Prévoir un budget d'intégration couvrant les besoins en termes de management de l'exceptionnel (l'intégration de la nouvelle filiale) mais aussi de management du « *day to day* » des opérations du siège (qui peut se retrouver déstabilisé également).
2. Ne pas imaginer intégrer une acquisition significative à « ISO ressources ». Réussir la gestion de l'événement exceptionnel au prix d'une dégradation de la gestion du quotidien peut se révéler destructeur de valeur voire catastrophique.
3. Savoir renforcer ponctuellement les équipes au siège et dans la cible à intégrer.
4. Renforcer le contrôle de gestion par la mise en place d'indicateurs avancés. Ne pas attendre la sortie des comptes pour agir ou réagir…
5. Resserrer la communication entre les équipes de la filiale et du siège. Faire des points d'avancement au minimum toutes les semaines. Intégrer les aspects humains dans les points à traiter toutes les semaines au cours de ces réunions.

Nous énumérons ci-dessous une liste non exhaustive d'indicateurs avancés à mettre en place par le directeur financier et son équipe pour mieux anticiper, alerter et réagir au plus vite.

- Dans le domaine des ressources humaines : nombre de recrutements, nombre de démissions, moral des troupes…
- Dans le domaine du commercial : il convient d'être plus vigilant sur les prises de commandes, le nombre de rendez-vous en clientèle, le nombre de propositions commerciales ou de réponses à des appels d'offres, le taux de concrétisation du nombre des rendez-vous en commandes fermes, etc. Il s'agit de renforcer les contrôles autour de l'action commerciale ; les commerciaux sortent-ils en clientèle pour prendre des commandes ou pour chercher du travail ailleurs (en général, ils sont très sollicités par la concurrence dans ces périodes…).
- Dans le domaine de la finance : niveau des stocks, rythmes et montants journaliers des encaissements et des décaissements, de la facturation, évolution du nombre de litiges, etc.

- Le directeur financier ne doit pas attendre la sortie de la comptabilité dans les phases d'intégration (elle sort en général trop tard). Il doit utiliser la comptabilité pour valider a posteriori la pertinence des indicateurs avancés...
- Le directeur financier doit zoomer sur certains détails et agir dès les premiers frémissements de tel ou tel indicateur, ce qui implique de renforcer ponctuellement, pour quelques semaines ou quelques mois, les équipes de contrôle de gestion et celles en charge du recouvrement...

2.3 Exemple numéro 3

Leader sur son marché et implantée en région lyonnaise, une entreprise d'installation et de maintenance de pompes à chaleur rachète une société dans l'ouest de la France. Le directeur financier est sur place dans la banlieue de Rennes dès le premier jour. Il signifie immédiatement au chef comptable son prochain départ. Il organise ensuite une réunion avec les deux personnes de la cellule recouvrement. « *Nous n'allons plus avoir besoin de vous* », leur dit-il. « *Nous allons mettre en place le contrat d'affacturage du groupe. Mieux vaut que vous cherchiez tout de suite un travail ailleurs* », ajoute-t-il...

Dans les jours qui suivent, plusieurs chèques disparaissent à la comptabilité. Le problème n'étant pas élucidé, il s'ensuit un climat de suspicion. Cette situation rejaillit négativement sur l'ensemble de l'entreprise, y compris sur l'équipe commerciale et dans les ateliers d'usinage. Les syndicats se saisissent du problème...

Cinq bonnes pratiques tirées de l'exemple numéro 3

1. Toujours commencer par protéger dès le premier jour les actifs de l'entreprise rachetée : stocks, chèques, espèces, moyens de paiement, contrats, etc.
2. Mettre la trésorerie sous contrôle, la modéliser si cela n'a pu être fait dans la phase de due diligences.
3. Changer dès le premier jour les cartons de signature et les codes d'accès aux systèmes d'information.
4. S'accorder un délai de réflexion avant de « casser » l'existant : il convient systématiquement de rencontrer individuellement tous les salariés de l'entreprise rachetée et pas seulement ses dirigeants ou le management, de les écouter, de leur donner une chance... La cible est parfois mieux organisée, mieux gérée que la maison mère... Les bonnes pratiques sont à récolter partout ; y compris dans la cible...
5. Prendre le temps de se connaître et d'apprendre à travailler ensemble.

2.4 Exemple numéro 4

Le directeur financier de l'acquéreur est très satisfait. Il vient enfin de boucler le financement de l'acquisition. C'était un dossier très complexe. Il y travaillait depuis des mois. La syndication avec cinq banques a été mise en place. À plusieurs reprises, le directeur financier de la cible (rétrogradé au titre de contrôleur financier dans la nouvelle organisation) lui signale l'urgence de prendre en compte dans le financement l'évolution du mix produits et l'augmentation du BFR qui en découle. Il remonte aussi auprès du directeur financier le risque qu'un des banquiers du bas de bilan se retire. « *Ne vous inquiétez pas* », lui répond son nouveau chef, « *notre pool bancaire nous accompagnera et, de plus, nous allons mettre en place le contrat d'affacturage du groupe* ». Deux mois plus tard, un des banquiers réduit sa ligne de découvert. La mise en place de l'ERP du groupe dans la cible ne se passe pas aussi bien que prévu. Impossible de sortir des factures qui soient justes... Il faut tout contrôler à la main. Le contrat d'affacturage n'est toujours pas mis en place. Les contacts avec les banquiers qui ont financé la dette d'acquisition (haut de bilan) ne s'avèrent pas aussi efficaces que souhaité. Comme parfois dans les établissements financiers d'une certaine taille, banquiers de haut de bilan et banquiers de bas de bilan ne se connaissent pas et ne travaillent pas ensemble. Ils ne se parlent pas entre eux... La mise en place des nouvelles lignes de financement prend un certain temps...

L'entreprise est en pleine crise de trésorerie... Le groupe doit injecter ponctuellement plusieurs millions en compte courant.

Cinq bonnes pratiques tirées de l'exemple numéro 4

1. Toujours anticiper les besoins de financement de l'exploitation ; leur mise en place prend toujours plus de temps que prévu...
2. Prendre en compte le fait que souvent, dans les banques, les équipes de « haut » et « bas » de bilan travaillent avec des méthodes et des rythmes différents ; et que parfois elles ne se connaissent pas...
3. Ne pas faire dépendre le financement de l'exploitation de la mise en place d'un nouveau système d'information (assez aléatoire).
4. Toujours se réserver des marges de manœuvre dans les prévisions de trésorerie et anticiper les changements de mix produits qui ont souvent des impacts significatifs sur le BFR.
5. Écouter le terrain.

3. L'IMPORTANCE DU RÔLE DU DIRECTEUR FINANCIER

Dans les opérations de croissance externe, le rôle du directeur financier consiste à diffuser les bonnes pratiques, anticiper les risques, mesurer les performances de manière objective et alerter le management afin de réussir l'intégration dans les six mois

La prise en compte du facteur temps est la clé de la réussite du projet d'intégration.

Pour mesurer le temps, encore faut-il un plan d'action détaillé qui cadence les trois à six mois généralement nécessaires à une intégration réussie. Des points d'avancement préparés par le directeur financier (parfois animés par lui) sont à effectuer au minimum toutes les semaines. À l'intérieur des six mois, les 100 premiers jours sont les plus intenses.

La tâche et la responsabilité du directeur financier sont importantes dans la préparation du plan d'intégration mais aussi dans le suivi de son exécution. Il mesure de façon hebdomadaire les performances par rapport au plan initial et alerte le management dès que la situation réelle diverge du plan.

Le rôle du directeur financier est également de mettre à jour ou de corriger au fil de l'eau le business plan initial s'il s'avère que celui-ci est erroné sur une ou plusieurs hypothèses. Mieux vaut s'en rendre compte tout de suite, chiffrer les impacts à moyen terme (rentabilité, financements, etc.) et, le cas échéant, faire jouer la garantie de passif.

Le directeur financier doit aussi veiller à la correcte allocation des ressources dans la phase d'intégration :

- gestion du quotidien/gestion de l'exceptionnel,
- ressources internes/ressources externes.

Il est rare de voir que des intégrations réussies ont été pilotées exclusivement par des équipes de consultants externes. C'est la combinaison des talents (internes et externes) qui créée l'efficacité et donc les résultats.

Le directeur financier est aussi en charge de valider et de synthétiser pour le management les données chiffrées actualisées qui lui permettront de communiquer en interne ou en externe sur l'avancement du projet et sur les résultats obtenus.

Enfin, dans l'euphorie ambiante (excès d'optimisme, effets d'annonce parfois très exagérés) qui accompagne souvent les opérations de fusion acquisition, le directeur financier (et ce n'est pas le plus aisé) est tenu de garder sa sérénité et sa hauteur de vue. Il doit rester le directeur financier quoi qu'il arrive et ne pas se disperser ou se laisser absorber par des tâches opérationnelles périphériques susceptibles de remettre en cause le pilotage ou la maîtrise des grands équilibres du nouvel ensemble constitué.

CHAPITRE 4

LES PRINCIPAUX LEVIERS D'ACTION POUR RÉUSSIR L'INTÉGRATION D'UNE OPÉRATION DE FUSION-ACQUISITION

ASPECTS TERRAIN : LES AXES DE TRAVAIL AVANT ET APRÈS LA TRANSACTION (CONSTRUIRE SON PLAN D'ACTION À PARTIR D'UN CAS CONCRET TIRÉ DE L'EXPÉRIENCE DU TERRAIN)

SOMMAIRE

1. LES CONSTATS TIRÉS DE L'EXPÉRIENCE DU TERRAIN

Nous faisons toujours et partout les mêmes constats : plus de 50 % des opérations de fusion-acquisition sont des échecs. Soit que l'objectif défini au départ n'a pas été atteint (1 + 1 = 3 par exemple), soit que les objectifs poursuivis n'ont pas été clairement définis, écrits, chiffrés dès le début. La mesure est impossible. Cette situation souvent rencontrée dans la pratique est la pire car au bout de quelques mois les équipes se retrouvent dans une espèce de « *no man's land* », fatiguées, démotivées, ne sachant plus vraiment quoi faire ni annoncer. Faire 1 + 1 = 2,5 quand on a prévu de faire 3 est un demi-échec. Mon enthousiasme me conduit plutôt à dire un demi-succès. On peut s'en satisfaire car souvent les synergies sont surévaluées à deux niveaux : dans leurs montants et dans leurs calendriers de réalisation. Il arrive parfois que l'opération se transforme en un véritable désastre. 1 + 1 = 0 ou même pire 1 + 1 = moins quelque chose. Nous ne citerons pas d'exemples pour ne stigmatiser personne. Il suffit de se reporter à la presse ou aux études publiées régulièrement par les plus grandes universités et les plus grands cabinets. La littérature est abondante sur le sujet. Les managers qui mènent ce type d'opérations sont avertis, avisés. Ils ont étudié dans les meilleures écoles. Ils ont de l'expérience. Et pourtant, la statistique demeure. Intangible. 50 % des opérations de fusion-acquisition sont considérées comme des échecs…

Toujours les trois mêmes causes :

Les causes de ces échecs sont toujours les mêmes : management, management, management…

Nous récapitulons ci-dessous une douzaine de causes d'échecs parmi les plus fréquentes. Toutes sont liées au management :

- Méconnaissance de la cible,
- Objectifs imprécis, non chiffrés, non mesurables,
- Guerre des chefs, problèmes d'égos,
- Volonté d'avoir raison,
- Absence de chiffres ou d'indicateurs fiables → Pilotage à vue,
- Absence de communication,
- Excès de confiance, communication aventureuse,
- Manque de ressources,
- Absence de plan à 100 jours,
- Défaut d'anticipation, manque de réactivité pendant les 100 premiers jours,
- Absence de surveillance des clients,
- Absence de surveillance de la concurrence.

Et pourtant, à chaque fois, les due diligences avaient été bien faites…

Réalisées par les plus grands cabinets de conseil en stratégie, les plus grands cabinets d'audit, etc. Tout avait été passé en revue : le juridique, les titres de propriété sur les actifs, les marques, les brevets, les portefeuilles d'activités, de clients, de produits, les fournisseurs, les contrats de travail, les comptes, le business plan (le plus souvent élaboré en de multiples versions), les risques environnementaux, les litiges ou contentieux éventuels, les assurances, etc.

2. CAS PRATIQUE : « YATCHING INDUSTRIES »

Ce cas est tiré de notre imagination. Toute ressemblance ou similitude avec des cas réels (existants ou ayant existé) serait fortuite et non avenue.

2.1 Le groupe Yatching Industries

Le groupe Yatching Industries est basé à Dunkerque. C'est un des leaders français de la construction navale (bateaux de plaisance haut de gamme). Il a réalisé l'an passé un chiffre d'affaires (CA) de 120 M€ dont seulement 45 % en France. Le reste de l'activité est réalisé à l'export à travers un réseau de distributeurs. Les principales zones d'exportation sont les suivantes (par ordre décroissant) :

– Allemagne, Espagne, Brésil, Canada, Italie et Croatie.

Le groupe est actuellement en train de racheter et de filialiser son distributeur italien, ce qui nécessitera un certain nombre de voyages sur place pour mettre en place le reporting mensuel et la consolidation statutaire.

L'activité est prospère et profitable. Depuis 3 ans, le groupe est en croissance de plus de 10 % par an.

Ceci notamment grâce aux activités :

– Accessoires : 30 % du CA du groupe,
– Négoce « Occasions » et Atelier : 15 % du CA du groupe,
– Financement : 10 % de la rentabilité du groupe.

L'activité Négoce/Atelier lancée à Saint-Nazaire en 2007 consiste à proposer aux clients de bateaux neufs de reprendre leur ancien yacht, d'y effectuer des travaux de remise à niveau et de le revendre ensuite.

La société est très occupée depuis des mois avec la mise en place de son ERP. Le projet a dérapé :

– 15 % des factures émises sont toujours erronées,
– Les comptes clients sont passés de 65 à 80 jours en quelques mois.

Le directeur informatique du groupe a été remercié et le projet confié au directeur financier du groupe (**c'est-à-dire à vous-même**). Une équipe d'intérimaires a été embauchée pour contrôler les factures émises et corriger les factures erronées par l'émission d'avoirs. Malgré l'apport des intérimaires, de nombreux litiges subsistent. Le management et les commerciaux sont peu disponibles car souvent en déplacement ou dans des salons spécialisés.

Un lundi matin à 8 h 12, vous recevez ce courriel et ses annexes de votre PDG :

De : Richard Bélier (PDG de Yatching Industries)

À : John Slowdown (CFO de Yatching Industries)

Confidentiel & Personnel

Bonjour John,

Nous avons acheté la société Tropical Woods & Co à La Rochelle (voir dossier joint + copie des notes que j'ai prises au cours de la réunion avec les auditeurs de Lejeune & Ernest). Le dossier préparé avec les banques est chez Patricia [1] (je lui ai demandé de t'en faire une copie). Si tu en as besoin, elle te donnera aussi le nom et les coordonnées de l'avocat qui a travaillé pour nous sur ce dossier. Il reste encore quelques formalités juridiques à accomplir (tu verras avec lui directement) mais globalement l'affaire est faite et nous rentrons dans les lieux dans 10 jours.

C'est un dossier encore confidentiel aussi à ce stade je te demande de prendre en charge ce dossier personnellement (pas la peine d'en parler à ton équipe ; le CE va être prévenu dans les prochains jours).

Peux-tu aller sur place cette semaine et m'en parler jeudi dans l'avion (voyage à Hambourg) ? J'ai besoin que tu m'accompagnes car notre distributeur allemand n'est pas content. Il parle d'arrêter son contrat l'an prochain. Nous allons devoir faire quelques concessions sur les prix et j'ai besoin que tu sois là avec tes dossiers.

Concernant Tropical Woods & Co, tu prends la main sur le directeur général si cela se passe mal. Il faut absolument régler ce problème de stocks sous la pluie. Tu as carte blanche.

Cordialement,

Richard

Notes prises au cours de la réunion avec les auditeurs de Lejeune & Ernest

Confidentiel et personnel

Tropical Woods & Co

- **Le contexte :**
  - Société basée à la Rochelle
  - Anciennement filiale française du groupe danois Thor & Odin
  - 25 M€ de CA
  - Activité : usinage de pièces de bois (charpentes et panneaux) ; notamment essences de bois tropicaux destinés à la construction de bâtiments (maisons en bois), construction automobile et construction navale
  - Loin de sa maison mère (Copenhague), la société était mal gérée ; rachetée par un fonds d'investissements américain (fonds de retournement) il y a 14 mois (des durs à cuire !)
  - Le fonds a restructuré le bilan (avec l'argent du groupe danois qui ne voulait pas avoir de problèmes avec des licenciements en France), réduit le personnel (plan social de 80 personnes) et mis en place un nouveau

1. Patricia est l'assistante du PDG.

DG. L'activité Bâtiments a été arrêtée. Le fonds américain a remis en vente il y a 3 mois.

- **Les chiffres :**

Les comptes « pro forma » à la date d'acquisition en K€

ACTIF		PASSIF	
Immobilisations nettes	500	Situation nette	7 000
Stocks	7 000	Provision pour risques	1 000
Clients	1 000	Dettes fournisseurs	4 500
Autres actifs	500	Autres dettes	500
Trésorerie (*)	4 000		
TOTAL	**13 000**	**TOTAL**	**13 000**

(*) recours à l'affacturage sur 90 % des clients

La rentabilité attendue pour l'année civile en cours (hors acquisition et à périmètre constant) est de 300/500 K€ (résultat net). À vérifier.

- **Commentaires OFF des auditeurs sur le jeune directeur administratif et financier :**
  - La rentabilité réelle de l'année en cours est très inférieure à la rentabilité annoncée.
  - La direction financière est tenue depuis 4 ans par un jeune DAF aidé d'une équipe de 3 ou 4 personnes en plus d'un expert comptable local (qui a tendance à facturer très cher ses prestations).
  - Le jeune DAF est jugé de profil comptable (aucun recul). Rivé à son écran d'ordinateur, il va très peu dans l'usine, en plus du fait qu'il a très mal vécu les mois précédant la cession (nombreuses absences ; dépression ?).
  - Le contrôle de gestion est considéré comme inexistant (pas d'analyse de rentabilité ni par produits ni par clients). Le reporting mensuel sort dans la souffrance 6 à 8 semaines après la clôture. Fiabilité à revoir ?
  - Le contrôle interne est inexistant. Exemples : des augmentations de prix des fournisseurs de bois tropicaux de l'année dernière ne sont toujours pas répercutées dans les prix de ventes aux clients ; des factures ont été payées deux fois à plusieurs reprises et à plusieurs fournisseurs…
  - Depuis son arrivée, le DG a demandé au jeune DAF des analyses sur les comptes de charges hors salaires ; il les attend toujours.
  - En revanche, le jeune DAF travaille beaucoup et est très apprécié de son équipe. Il a des compétences en informatique. C'est lui qui a mis le système en place il y a deux ans. Dès que quelqu'un dans l'entreprise a une question sur l'informatique, on fait appel à lui. N'ayant pas confiance à 100 % et l'entreprise étant dépendante de lui pour l'informatique, le DG lui a demandé de terminer la mise en place du module de gestion commerciale

(encore en partie tenue à la main : 150 essences différentes, 1 500 codes articles et 200 clients dont 20 réalisent à eux seuls 80 % du CA) en plus d'installer le module de trésorerie. Cette tâche ainsi que le travail demandé de documentation des systèmes sont en cours.

- Pendant l'audit, le DAF a été peu présent. Il a fourni peu d'explications sur les stocks et sur les clients. Il a été incapable d'expliquer le fonctionnement et le coût du nouveau contrat d'affacturage. Il y a une personne dans son équipe qui fait cela à mi-temps. Par contre, il a lâché au cours de l'audit que les surstocks actuels sont liés à des erreurs de commandes par le service achats, validées par le DG.

- **Commentaires OFF des auditeurs sur le nouveau directeur général (arrivé il y a 12 mois)**
  - Il verrait d'un mauvais œil l'arrivée de Yatching Industries.
  - Il a mené le plan de restructuration mais il est très attaché à l'usine. Il connaît peu le commercial et se voit mal refaire un second plan social dans quelques semaines pour mettre en place l'activité négoce de bois tropicaux et réduire comme prévu la production sur place.
  - Au cours de la visite de l'usine et de ses annexes avec les auditeurs, ceux-ci ont posé des questions sur l'importance des stocks (il y en a partout, ils sont mal rangés et de nombreux lots sont dehors, à peine protégés de la pluie). Il a « chargé » le DAF au sujet de l'absence de contrôles internes. Il a signalé être depuis 9 mois en contact avec une société libyenne qui rachèterait la chaîne de production qui n'est plus en activité, ce qui libèrerait de la place dans l'usine pour stocker le bois qui est actuellement dehors.

2.2 Que faites-vous ? Quel est votre plan ?

2.2.1 *Commentaires sur le cas*

Courage. La situation est grave mais pas désespérée. C'est effectivement curieux que vous n'ayez pas été tenu informé. Vous êtes vexé. Vous vous en expliquerez jeudi matin avec le Président. Celui-ci vous dira : « *J'ai pensé que tu étais très occupé avec les problèmes de l'ERP. Je n'ai pas voulu te déranger ni te déstabiliser. De plus, nous étions trois concurrents sur la cible. Rien n'était sûr. Les choses se sont précipitées il y a 10 jours...* ». Donc, inutile de chercher à polémiquer. C'est la vie. Personne n'est parfait. Chaque minute compte. Il faut vous organiser. Et faire confiance à votre Président. C'est lui qui sent le business. C'est sûrement une bonne opportunité. Reste à savoir combien cette affaire coûtera à l'entreprise.

2.2.2 *Proposition de plan d'action pour les 3 premiers jours*

Lundi :

9 h 15. Vous récupérez le dossier, le nom et les coordonnées des contacts chez Patricia, l'assistante du PDG. Le Président n'a pu réaliser l'opération

seul. Il y a sûrement un dossier quelque part, des comptes, des notes, des rapports, un conseil qui l'a aidé.

9 h 36. Vous organisez votre déplacement à La Rochelle pour le mardi et le mercredi (vous prévoyez une nuit sur place). Vous prévenez le DG de Tropical Woods & Co de votre visite.

10 h 12. Vous prévenez votre équipe à Dunkerque de votre absence mardi, mercredi et jeudi. Vous assignez les tâches sur l'ERP, la préparation du dossier pour Hambourg, le recouvrement, etc.

13 h 53. Faute de temps, vous privilégiez dans la lecture du dossier les aspects du financement de l'opération qui vous concernent au premier chef… C'est vous le directeur financier !

15 h 16. Vous appelez l'avocat et le conseil pour leur faire savoir que vous avez été mis dans la boucle, que vous allez sur place pour deux jours. Vous récupérez auprès d'eux les informations qui vous manquent éventuellement. Vous les interrogez sur leur ressenti à propos de l'opération afin de vous faire votre propre opinion de la situation. Ils ont certainement quelques détails à vous transmettre verbalement qu'ils n'ont pas pu ou pas eu le temps d'écrire.

Mardi :

6 h 13. Vous êtes dans le TGV. Vous avez organisé votre dossier. Relu plusieurs fois le mail du Président. Vous avez bien cherché à le joindre au téléphone hier mais il était en déplacement. Très occupé. Vous avez bien fait confirmer à Patricia votre déplacement à Hambourg. Vous avez élaboré une liste de questions pour le DG et le DAF et une liste de documents à leur demander à votre arrivée.

8 h 34. Vous êtes arrivé. Vous indiquez au taxi : « Direction l'IBIS du coin » pour poser votre valise.

8 h 53. Vous êtes à la réception de Tropical Woods & Co. Vous demandez à rencontrer le DG.

8 h 59. Accueil glacial malgré le café qui vous est offert. Vous êtes dans le bureau du fameux DG. Seul à seul. Face à face. Qu'est ce que votre Président a bien voulu vous dire par « *Tu prends la main sur lui si cela se passe mal…* ». Vous faites connaissance. Vous n'oubliez pas de lui préciser que vous êtes là pour deux jours et que vous avez besoin d'un bureau ou d'un endroit pour travailler dans la journée, appeler votre équipe, vous connecter… Le DG vous installe dans la salle de réunion. Car dès le départ il faut envoyer un signal. Vous n'êtes pas venu pour faire un audit. Vous êtes le directeur financier du groupe, envoyé en mission par le PDG. Vous êtes là pour travailler. Vous vous installez.

9 h 26. Vous établissez avec le DG la liste des personnes que vous souhaitez rencontrer dans la journée et le lendemain. Le jeune DAF, la comptabilité, la personne qui suit le contrat d'affacturage, etc. Vous organisez le programme des réunions. Il vous faut absolument insister pour rencontrer

le DAF seul afin de créer du lien, d'obtenir des informations de sa part et son ressenti sur la situation. Vous forger votre propre opinion.

11 h 12. Le courant est passé avec le DG. Il vous a raconté toute l'histoire. Sa version. Ses projets. Vous lui avez dit peu de choses (vous en savez si peu, de toute manière). Vous l'avez écouté. Il vous propose de vous faire visiter l'usine et ensuite de vous emmener déjeuner à l'Auberge du Cheval Blanc dans le village d'à côté. Vous vous concentrez sur le niveau d'activité dans l'usine, les processus, et observez les stocks. Effectivement, les auditeurs ont vu juste. Il y en a partout. Rien n'a changé depuis leur passage. La pluie pourrait endommager une partie des stocks. Mauvais point pour le DG !

12 h 45. Vous êtes à table avec le DG. Le DAF ne s'est pas joint à vous. Il a une urgence. Vous le verrez cet après midi. Vous faites avec le DG la synthèse de la matinée. Très bonne, cette blanquette… Vous suggérez après le café de passer par l'Intermarché acheter des bâches en plastique et des tendeurs pour recouvrir les stocks exposés au vent et à la pluie. Félicitations, vous avez gain de cause. Les stocks sont protégés deux heures plus tard.

16 h 17. Vous passez l'après midi avec le DAF. Vous revoyez avec lui ses priorités. Les documents sur lesquels il travaille. Il vous présente son équipe. Cela commence à se décanter. Vous comprenez mieux ce que chacun fait de ses journées. Vous n'oubliez pas de le sonder sur ses motivations, ses ressentis, ses projets. Vous devez vous en faire un allié. Tant que vous n'y voyez pas clair à 100 %, vous n'avez pas d'autre choix.

17 h 26. Vous faites un break et appelez votre bureau au siège pour faire le point de la journée. Vous consultez vos mails et vous y répondez. Vous listez avec le DAF les informations qui vous manquent. Ce qu'il est possible d'obtenir pour le lendemain et ce qu'il vous enverra plus tard.

18 h 47. Vous prenez congé sans oublier de remercier tout le monde pour l'accueil. Vous faites un point sommaire avec le DG et vous lui reprécisez le planning du lendemain.

19 h 51. Vous êtes à l'hôtel. Vous commencez à mettre vos notes au propre. À mettre au clair vos idées.

Mercredi :

8 h 23. Vous commencez à travailler avec le DAF. La nuit porte conseil. Vous approfondissez plusieurs sujets. Vous avez de nouvelles questions. Vous faites un long point sur la comptabilité et la trésorerie, les encours des clients et l'informatique, son dada. Il se sent valorisé que vous vous intéressiez à ses projets. Vous lui faites remarquer qu'il va devoir mettre un grand coup de collier, notamment sur le contrôle interne et les procédures. Que vous lui faites confiance. Que vous comptez sur lui. Que sur le contrôle de gestion (inexistant), vous l'aiderez. Il est un peu rassuré. Il sourit. Vous déjeunerez avec lui la prochaine fois.

11 h 38. Vous élaborez avec le jeune DAF un calendrier précis de ce qu'il y a à faire au cours des 2 prochaines semaines. Comptabilité. Recouvrement. Trésorerie. Analyses de marges. Informatique. Vous vérifiez bien qu'il a les ressources nécessaires et au besoin vous lui suggérez de prendre un intérimaire ou de se faire aider ponctuellement par l'expert comptable pour accélérer. Vous demandez au DAF de vous organiser pour la prochaine fois un rendez vous avec l'expert comptable. Vous listez les documents qu'il doit vous envoyer.

12 h 17. Vous êtes dans le bureau du DG. Vous le remerciez une nouvelle fois. Vous lui expliquez le programme de travail élaboré avec le DAF. Vous lui faites valider les délivrables, les délais et la faisabilité. Vous intégrez ses commentaires s'il en a. Vous prenez congé. Votre train est à 13 h 43.

14 h. Dans le TGV. Vous complétez vos notes de la veille. Classez les documents reçus le matin dans vos dossiers. **Qu'allez-vous raconter le lendemain à votre Président ?** Que les auditeurs de Lejeune & Ernest ne se sont pas trompés. Que tout est vrai. Qu'il y a un travail important d'organisation et de fiabilisation à réaliser. Que cela va prendre du temps. Qu'il va falloir que vous veniez sur place. Que concernant le DG et le DAF, c'est encore trop tôt pour statuer. Qu'effectivement les deux dans leur genre sont des points de fragilité. Mais que vous avez vu l'équipe derrière eux. Ce sont des personnes dévouées et dignes d'intérêt. Il faut juste leur expliquer ce que l'on attend d'elles et organiser le travail sur place. Que tant que vous n'avez pas vu concrètement travailler le DG et le DAF, c'est difficile de vous engager dans un sens ou dans l'autre. Que vous devez vous en faire des alliés. Que vous avez laissé sur place un plan de travail et que vous verrez rapidement si ce plan est respecté.

Tout ceci est à l'évidence ce que votre Président a envie d'entendre de votre bouche. Mais il attend certainement beaucoup plus de vous. Notamment de savoir si vous avez envie d'aller sur place. Si vous êtes motivé pour assumer la responsabilité de l'intégration. Et si oui, à quelles conditions et selon quelles modalités pratiques.

Besoins de renforts au siège ? Pour faire quoi et pendant quelle durée ? Qui peut vous suppléer ? Peut-on promouvoir quelqu'un ?

Besoins de renforts à La Rochelle ? Pour faire quoi et pendant quelle durée ? Doit-on embaucher ?

Selon quel rythme vous déplacerez-vous sur place ? À plein temps ? Deux jours par semaine ? Une semaine sur deux ? Pendant combien de temps ?

Pour y faire quoi ?

Pour bâtir à terme quelle organisation ?

La seule question que le Président va vous poser : **« Êtes vous motivé ? »** Avez-vous envie d'y aller ? Avez-vous peur ? Et si oui, de quoi ? Comment allez-vous vous organiser pendant quelque temps avec votre famille ? Vos absences sont-elles gérables ? Peut-on compenser vos efforts et votre implication par une prime ?

Quels sont les risques pour vous, pour votre carrière, pour votre service et pour l'entreprise ?

Question subsidiaire : le Président ne vous la posera peut-être pas mais, qu'il vous la pose ou pas, il faudra y répondre ou apporter des éléments précis de réponse : Quel est l'impact de l'acquisition sur la trésorerie de l'entreprise ? Quels sont les risques pour la liquidité de l'entreprise ?

Bonne réflexion. Bonne nuit.

Jeudi :

7 h 25. À l'enregistrement à l'aéroport. Vous avez vos dossiers avec vous. Vous avez passé la nuit à réfléchir. À peser le pour et le contre. Soyez franc avec Richard. C'est le moment de parler vrai et de dire la vérité. Personne ne vous reprochera de la dire à ce stade. Après, si vous changez d'avis pendant les 100 premiers jours, cela pourrait devenir plus compliqué à gérer.

3. NE JAMAIS FAIRE... PRÉFÉRER FAIRE...

Le cas « Yatching Industries » nous permet de récapituler ci-dessous un ensemble de bonnes et de mauvaises pratiques pour les 100 premiers jours.

Ne jamais faire

1. Faire confiance au vendeur ou croire le vendeur,
2. Faire confiance aux conseils.

« Les conseilleurs ne sont pas les payeurs » entend-on souvent. Ils ne voient pas les choses comme les opérationnels. Leur seul objectif : élaborer un rapport, dresser un portrait de l'entreprise, prendre une photo. Intégrer une entreprise dans un nouveau périmètre va bien au-delà de prendre une photo. Cela ressemble plus à du cinéma, avec des hauts et des bas, des confrontations entre les acteurs, des bons et des mauvais sentiments, des personnages qui se révèlent vénaux, lâches ou inconséquents dans l'action, d'autres qui à l'usage se montrent utiles, courageux, appliqués. Comme dans tous les bons films, il y a toujours des rebondissements ; des personnes qui font partie des solutions et d'autres qui font partie des problèmes. Et parfois, à la fin, il y a le « happy ending ».

Au cours de vos deux premiers jours sur place, vous avez refait le chemin parcouru par les auditeurs pour vous forger votre propre opinion et constater si, à quelques jours ou semaines d'intervalle, la situation s'est améliorée ou s'est dégradée.

3. Sous estimer le temps nécessaire pour obtenir les financements,
4. Ne pas impliquer très en amont l'équipe chargée de l'intégration,
5. Se mentir sur le niveau de ressources disponibles en interne pour finaliser la transaction et réaliser l'intégration,
6. Donner carte blanche aux ressources externes,
7. Ne pas mettre d'incentive (de carotte) dans l'exécution du plan à 100 jours,

8. Surestimer les synergies avec la cible dans le business plan.

Au contraire, préférer toujours

1. Écrire le plan d'actions détaillé à la semaine, fonction par fonction, et le mettre à jour toutes les semaines,
2. Anticiper le pire !

Dans le cas présent, le pire pourrait-être que le DG et le DAF, pour des raisons diverses, fassent faux bond. Que l'on ne puisse pas, même pour une durée courte, s'appuyer au moins sur l'un des deux…

Attention !

Le management qui mène des opérations de fusion-acquisition qui ne réussissent pas se met en général en grand danger (carrière, réputation). Les opérations de fusion-acquisition sont des événements exceptionnels qui sortent l'entreprise de son « train-train » quotidien. Elles ont dans la pratique une forte visibilité en interne. Gare à ceux qui échouent ! Mener une opération de fusion-acquisition, accepter le rôle de chef de projet de l'intégration, c'est toujours prendre un risque… pour l'entreprise et aussi pour soi-même.

4. QUELQUES BONNES PRATIQUES

4.1 La trésorerie, plus petit dénominateur commun

On peut citer parmi les tâches à réaliser très rapidement (et si possible dès le premier jour d'entrée en possession de l'entreprise) les points suivants :

- Dresser l'inventaire des comptes bancaires et des moyens de paiement de la cible (chéquiers, lettres chèques, caisse, etc.).
- Prévenir les banques et changer les cartons de signature pour le fonctionnement des comptes bancaires, voire changer les serrures de la comptabilité, etc.
- Changer les codes pour l'accès aux comptes bancaires (visualisation des soldes et émission des virements).
- Comprendre très rapidement les flux d'encaissements et de décaissements.
- Modéliser la trésorerie sur tableur.

• Objectif de ce qui précède : mettre la trésorerie sous contrôle.

Pour mémoire, la trésorerie (les moyens de paiement) est toujours le premier actif visé par les fraudeurs. Toutes les études le démontrent. Les périodes de changement d'actionnaires provoquent dans les entreprises une sorte de vague à l'âme qui entraîne mécaniquement une diminution de l'attention des responsables du contrôle interne et une baisse sensible de leur efficience. Quand ce ne sont pas les personnes chargées de ces contrôles qui fraudent elles-mêmes…

Attention : les premiers jours de l'intégration sont propices aux fraudes.

4.2 Le directeur financier doit rester directeur financier

On peut citer parmi les bonnes pratiques concernant le rôle du directeur financier les points suivants :

- Le directeur financier ne doit pas se rêver calife à la place du calife... Dans le cas qui précède, c'est un peu le piège qui était tendu consciemment ou pas par le Président au directeur financier. Si celui-ci a des velléités de devenir directeur général d'une business unit ou d'une filiale, tant mieux ! Mais qu'il soit honnête et le dise car, pendant l'intégration, l'entreprise a besoin d'un directeur financier a plein temps.
- Il doit, lui ou quelqu'un de son équipe, aller s'installer sur place durant quelque temps.
- Il doit rester concentré sur le « business as usual » (les grands équilibres) et ne pas se laisser distraire par l'acquisition en cours.
- Il doit veiller à renforcer les équipes en charge de la production de chiffres et de leur vérification ; souvent, il doit doubler les compteurs en installant des contrôles visant à vérifier des chiffres très en amont de la comptabilité.
- Il doit contrôler les affirmations des uns et des autres, confronter ces affirmations avec les chiffres qu'il produit ou qu'il a vérifiés. Il ne doit jamais céder à l'euphorie ambiante.
- Il doit communiquer, alerter et manager ses équipes (celles de la cible mais aussi celles du siège).

Compte tenu de la charge de travail, le directeur financier doit accepter de ne pas pouvoir tout faire. Il doit éviter de se disperser et mettre en place des priorités. Il doit déléguer ou demander de l'aide s'il n'a personne à qui déléguer.

4.3 Priorité numéro 1 du directeur financier : sortir des chiffres rapidement !

Parmi les tâches prioritaires du directeur financier dans ce domaine, on peut mentionner que :

- Il doit mettre en place des indicateurs au minimum hebdomadaires, notamment sur le CA, le carnet de commandes, la trésorerie, etc.
- Il ne doit pas attendre la comptabilité (elle sort souvent trop tard).
- Il doit valider que les annonces faites par le management sont cohérentes avec les chiffres qu'il produit.
- Il doit communiquer, alerter et aider à faire taire les rumeurs par la production d'analyses objectives.
- Il doit surveiller la trésorerie.
- Il doit veiller à accélérer la production comptable.
- Il doit rester disponible pour son équipe qui, face à la complexité nouvelle liée à l'intégration, aura certainement des questions et besoin de support.

4.4 Priorité numéro 2 du directeur financier : réévaluer et remettre à jour en permanence le modèle économique et les hypothèses du business plan

Parmi les tâches à considérer très rapidement après la mise sous contrôle des actifs (au premier rang desquels figure la trésorerie) et la production chiffrée, il est important d'insister sur le rôle du directeur financier dans la clarification, le calcul et la mesure des impacts financiers liés aux informations nouvelles obtenues dès le premier jour d'entrée dans les lieux et notamment celles liées :

- À la perte d'un client important,
- À la perte de ressources ou à l'évaluation des ressources,
- À la réaction de la concurrence,
- Aux financements,
- Aux aspects fiscaux,
- Aux effets de saisonnalité ou aux pics et aux creux de la trésorerie à l'intérieur d'un même mois (souvent mal appréhendés dans les business plans),
- À la surévaluation des synergies avec la cible,
- À la sous-estimation de l'inertie au changement de la cible.

En résumé, le rôle du directeur financier pendant la période d'intégration est de piloter, de « monitorer » et d'alerter le management.

5. PRÉVOIR UN BUDGET POUR L'INTÉGRATION

C'est une évidence, mais quand on refait a posteriori le déroulé de ce qui n'a pas fonctionné, on se rend souvent compte que l'on n'avait pas prévu de budget pour la phase d'intégration. On s'est lancé dans l'aventure avec les moyens du bord. On n'a pas osé demander du renfort. On a considéré qu'en travaillant un peu plus, cela irait. Et cela n'a pas suffi. Il n'est pas raisonnable de penser que l'on peut réaliser l'intégration d'une acquisition à « iso ressources ». Il faut prévoir un budget motivation pour les équipes qui s'engagent. De même, il est utile de prévoir une enveloppe pour des renforts externes au cas où.

Deux exemples parmi d'autres de situations qui nécessitent des renforts techniques :

- Les sujets fiscaux sont souvent très mal appréhendés… Il faut souvent avoir recours à des spécialistes.
- De même, créer des interfaces entre les deux systèmes d'information pour éviter des re-saisies manuelles peut nécessiter de réinvestir dans l'informatique.

6. LE RÔLE CAPITAL DU DIRECTEUR FINANCIER DANS LE PROCESSUS D'INTÉGRATION

6.1 Avant la transaction (les 100 jours qui précèdent le closing)

Le rôle du directeur financier est capital avant la transaction :

- Il participe par ses questions ou par son implication à une meilleure connaissance de la cible.
- Il procède aux due diligences appropriées.
- Il fait partie de l'équipe projet. Il aide à définir le niveau des ressources (internes et externes) ad hoc.
- Il participe à l'évaluation des risques (pays, marchés).
- Il participe à l'élaboration du business plan.
- Il participe à l'élaboration et à la préparation du plan d'intégration à 100 jours. Qui est le leader ? Quel est le budget ? Quelle est l'équipe ? Quelles sont les étapes intermédiaires ? Quels sont les indicateurs de performance ?
- Il aide à préparer un scenario catastrophe et un plan de repli au cas où.
- Il travaille très en amont avec les banquiers pour disposer le moment venu du financement.
- Il participe à la fluidification des plans d'action pour prendre de vitesse et battre la concurrence.
- Il réalise tout ce qui précède dans la plus stricte confidentialité et dans la plus grande discrétion.

6.2 Après la transaction — dès le 1er jour qui suit le closing

Le rôle du directeur financier est capital après la transaction :

- Il met les actifs (trésorerie, stocks, etc.) sous contrôle.
- Il participe à la surveillance de la concurrence, des clients, des commerciaux par la mise en place d'indicateurs appropriés.
- Il met en place des indicateurs de performance en prise directe avec le terrain et avec les opérationnels sans attendre la sortie de la comptabilité.
- Il mesure les performances à la semaine. « *What gets measured gets done !* ». Si nécessaire, il renforce ponctuellement les équipes comptables et de contrôle de gestion.
- Il réévalue en permanence les hypothèses du business plan et les plans de trésorerie qui en découlent.
- Il ajuste le plan d'intégration à 100 jours en fonction des réalités du terrain.
- Il fait très attention aux décisions concernant les ressources humaines. Leurs conséquences ont un caractère permanent et souvent irréversible sur les aspects opérationnels (perte de mémoire) et sur les comptes (coûts des

transactions ou des licenciements, augmentations de salaires, promotions, etc.). Il suggère au management des systèmes plus flexibles : primes sur objectifs, compensations de toutes sortes, recours à l'intérim, etc.
- Il sait se rendre disponible pour motiver et récompenser. Sanctionner parfois.
- Il communique et il alerte le management à chaque fois qu'il entrevoit une tendance négative ou une opportunité ainsi qu'à chaque fois que l'on s'écarte du plan défini au départ.

En synthèse, quand on additionne ces deux listes de tâches (avant et après la transaction), on se rend bien compte qu'on a toujours besoin d'un directeur financier…

CHAPITRE 5

QUELLE ORGANISATION POUR LA DIRECTION FINANCIÈRE ? QUELS LEVIERS D'OPTIMISATION ? COMMENT HOMOGÉNÉISER LES STRUCTURES ? QUEL ORGANIGRAMME CIBLE ?

SOMMAIRE

La direction financière a pour vocation de s'adapter et de se réorganiser à l'occasion de chaque nouvelle acquisition significative. La crise a entraîné des contraintes budgétaires pour toutes les fonctions de l'entreprise. Il n'y a donc aucune raison objective pour que la direction financière soit dispensée de faire des efforts continus de gain de productivité. Au contraire, elle doit montrer l'exemple et contribuer aux réductions de coûts demandées par le management ou par les actionnaires. Les opérations de croissance externe (intégration de nouvelles entités dans le périmètre) sont souvent l'occasion de revisiter l'organisation, de supprimer des doublons, de créer de nouvelles fonctions, de la rendre plus efficace et d'accompagner le traditionnel « travailler plus » par un nécessaire « travailler mieux ». Les opérations de croissance externes sont l'occasion de mettre ou de remettre en place les grands équilibres au sein de la fonction en évitant notamment, comme on le voit souvent dans la pratique, que des services travaillent des journées entières à compenser les faiblesses d'autres services. Les opérations de croissance externes sont aussi une opportunité de réinvestir dans les systèmes d'information (source de productivité), dans la formation et la motivation des équipes de la direction financière. Enfin, c'est souvent à l'occasion des opérations de croissance externe que les talents se révèlent ou que les cartes sont redistribuées dans un service. Le directeur financier profitera de la période d'intégration pour organiser la promotion ou la rotation de ses cadres (passage du siège en filiale, passage de la cible au siège).

1. RAPPEL DES CHIFFRES CLÉ ET BENCHMARK SUR LE COÛT DE LA FONCTION FINANCE

- Le coût de la fonction Finance (coût moyen constaté sur plus de 300 entreprises ou filiales de groupes) :

  0,7 % du CA < Coût de la fonction Finance < 4 % du CA

  Bonne pratique → 1% du CA
- Les effectifs de la fonction Finance (moyenne constatée) :

  2,5 % < Part dans les effectifs < 5 %

  Bonne pratique → 3 à 3,5 % des effectifs
- Ventilation du coût de la fonction Finance par activités (moyennes constatées) :
  - 24 % comptabilité générale et reporting
  - 21 % comptabilité clients
  - 17 % comptabilité fournisseurs
  - 19 % contrôle de gestion
  - 7 % audit et contrôle interne
  - 4 % immobilisations
  - 5 % fiscalité
  - 3 % notes de frais
  - *100 % Total*

- Ventilation du coût de la fonction Finance par nature de charges (moyennes constatées) :
  - 60/70 % personnel
  - 15/20 % informatique
  - 15/20 % autres (conseils, honoraires, archivages, gestion des documents, SG & A [frais généraux], etc.)
  - *100 % Total*
- Répartition des effectifs de la fonction Finance par activités (moyennes constatées) :
  - 25 % comptabilité fournisseurs
  - 10 % comptabilité clients
  - 5 % paie/déclarations fiscales & sociales
  - 15 % comptabilité générale
  - 10 % trésorerie/cash and credit management
  - 20 % contrôle de gestion
  - 5 % fiscalité
  - 10 % management
  - *100 % Total*

2. QUELS SONT LES LEVIERS D'OPTIMISATION TRADITIONNELS DE LA FONCTION FINANCE ?

- Rappel de l'objectif d'optimisation de la fonction Finance

L'objectif de l'optimisation de la fonction Finance est toujours d'en réduire globalement le coût mais aussi de la rendre plus performante et plus fiable. De passer du mode traditionnel (analyse des chiffres du passé) à un mode avancé, plus proactif (élaboration de prévisions). Il s'agit notamment de réduire le temps et les ressources consacrés aux processus transactionnels et au reporting et de redéployer une partie de ces ressources sur des tâches à plus forte valeur ajoutée : contrôle interne, analyses des marges ou des cash-flows, élaboration des prévisionnels détaillés, aide ou support à la décision du management.

L'objectif clairement annoncé dans le schéma ci-dessous est de passer d'un stade où traditionnellement 90 % à 95 % des ressources sont absorbées par des tâches concernant exclusivement le passé ou le présent à un monde « idéal » dans lequel les ressources seraient équitablement réparties (50 %/50%) entre les tâches consacrées au passé et au présent et celles consacrées à l'anticipation ou à la préparation du futur.

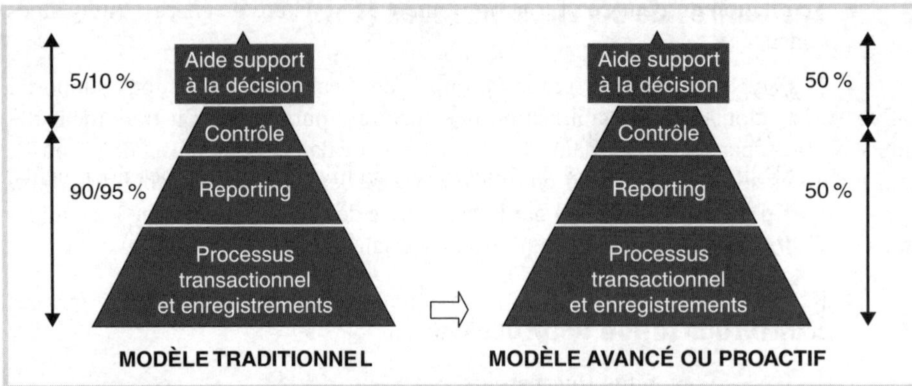

Figure 5.1 – *Passage du mode traditionnel au mode avancé ou proactif*

- Les cinq leviers d'action proposés traditionnellement pour optimiser la fonction Finance sont :

2.1 La simplification

Les exemples les plus fréquemment proposés dans ce type de démarche par les grands cabinets de conseil sont les suivants :

- Traiter les facteurs de complexité en amont de la Finance,
- Simplifier les processus amont,
- Standardiser les méthodes et les processus,
- Supprimer les redondances de tâches (doubles saisies, contrôles inopérants, etc.),
- Réduire les périmètres gérés (éviter la dispersion pour augmenter la valeur ajoutée créée).

2.2 Le développement des outils informatiques

Les exemples les plus fréquemment proposés dans ce type de démarche par les grands cabinets de conseil sont les suivants :

- Mise en place d'un seul ERP/ Changement d'ERP/ Migration d'une version d'ERP vers une autre/ Mise en place d'outils d'aide à la décision (cubes décisionnels),
- Dématérialisation (factures fournisseurs, informations bancaires, etc.),
- Extranet/Intranet pour diffuser et partager des informations, des procédures ou des bonnes pratiques en interne,
- Partenariats avec les clients/fournisseurs de type EDI.

2.3 Les centres de services partagés (CSP)

Il s'agit dans certains grands groupes de localiser des fonctions support à faible valeur ajoutée (comptabilisation des factures fournisseurs ou traitement des notes de frais par exemple) dans des pays où les salaires sont plus faibles ou de regrouper ces services à un seul endroit pour faire bénéficier l'ensemble du groupe d'économies d'échelle. Le groupe garde la maîtrise des processus puisque les équipes dans les CSP (pays *low costs* ou pas) restent ses salariés.

2.4 L'externalisation de processus

Il s'agit de mener à son terme la logique de CSP décrite ci-dessus et de confier à des sous-traitants externes (rigoureusement sélectionnés) la gestion de processus touchant principalement aux fonctions support (en plus des exemples présentés ci-dessus, on peut citer le recouvrement, la comptabilité, etc.). Le groupe gère un contrat de sous-traitance. Il n'a plus de contact direct avec les équipes opérationnelles qui sortent définitivement de ses effectifs.

2.5 Contrôles préventifs *versus* détectifs (redéploiement des activités vers l'analyse)

Il s'agit de mettre en place en amont des systèmes d'information (systèmes comptables ou systèmes métiers) toute une série de contrôles ou d'indicateurs sur les données transactionnelles afin d'en vérifier la pertinence ou la cohérence avant qu'elles ne se déversent dans les systèmes d'information. Et ainsi d'écarter du système les transactions anormales ou les informations qui paraissent erronées. Comme on dit en anglais, d'éviter le fameux « *garbage in garbage out* ».

Ces cinq leviers d'action traditionnels pour l'optimisation de la fonction Finance ne s'excluent pas entre eux. En général, les grands cabinets de conseil en proposent plusieurs à la fois selon des plannings et des budgets appropriés.

- Conséquences de ces cinq préconisations pendant les phases d'intégration :

La mise en place de ces cinq préconisations entraîne irrémédiablement pour l'entreprise au minimum les conséquences suivantes :

- Coûts,
- Délais (entre 6 et 24 mois),
- Charge de travail additionnelle pour les équipes permanentes ou nécessité d'embaucher des spécialistes en plus des équipes permanentes,
- Démotivation des équipes,
- Pertes financières.

Parfois, les conséquences peuvent être plus graves :

- Perte de contrôle de la situation sur le BFR (besoin en fonds de roulement) ou sur le cash (les équipes de direction financière sont trop occupées par les projets et ne se préoccupent plus du quotidien),
- Défaut de pilotage de l'entreprise, retard ou absence dans l'alerte du management (les équipes de direction financière sont trop occupées par les projets et oublient d'alerter le management sur des dérives d'indicateurs clés).

3. QUELS SONT LES LEVIERS D'OPTIMISATION DE LA FONCTION FINANCE PENDANT LA PÉRIODE D'INTÉGRATION ?

En période d'intégration, toute bonne nouvelle est suspecte...

Pendant la période d'intégration, la mission principale de la direction financière est de surveiller le cash et les marges ; pas de se disperser sur des projets... surtout si par ailleurs on lui retire des ressources. Le directeur financier doit donc veiller à vérifier les chiffres deux fois plutôt qu'une et éviter l'accident qui pourrait consister à annoncer une bonne nouvelle puis de devoir ensuite avouer qu'il s'est trompé.

Dans le contexte des 100 premiers jours, la direction financière doit s'adapter et recentrer son action autour des deux préoccupations principales : le cash et les marges. Aussi est-ce la responsabilité du directeur financier d'adapter l'organisation de son service en conséquence et de renforcer les équipes à 3 niveaux, quitte parfois à arrêter ou à différer certains projets.

3.1 Renforcer les équipes comptabilité clients et de cash management

Les raisons qui guident ce choix dans l'allocation des ressources sont évidentes :

- Il s'agit d'aller chercher le cash là où il se trouve, c'est-à-dire dans les comptes clients qui représentent en moyenne 35 à 40 % de l'actif des bilans des entreprises.
- La force du téléphone : souvent pendant la période d'intégration, certains clients en profitent pour ne pas payer leurs factures. Ils prétendent ne plus savoir à qui payer. Cette période de flottement peut durer quelques semaines à quelques mois. Même si ce problème est anticipé, l'envoi de lettres de relance, même recommandées avec AR, peut ne pas suffire. Toute l'équipe « comptabilité clients » doit être formée à l'utilisation du téléphone pour appeler les débiteurs et exiger les paiements.

– La mise en place de relances avant l'échéance (gestion des factures avant l'échéance) ne créé pas de surcharge de travail ; bien au contraire, elle permet de diviser par deux le temps de traitement des litiges. Il s'agit d'anticiper tout litige et d'accélérer ainsi le processus de règlement.

3.2 Renforcer les équipes du contrôle de gestion

Les raisons qui guident ce choix dans l'allocation des ressources sont là aussi évidentes :

– Mise en place d'indicateurs avancés visant à anticiper les problèmes dans la cible,
– Mise en place de contrôles en amont de la comptabilité,
– Sortir des chiffres fiables plus rapidement.

3.3 Renforcer les équipes de management de la direction financière (l'encadrement)

Les raisons qui guident ce choix dans l'allocation des ressources sont là encore évidentes :

– Resserrer les rangs et améliorer la communication entre le siège et le terrain,
– Sortir du bureau : aller chercher les informations dans les services, dans l'usine, dans l'entrepôt…
– Passer aux réunions hebdomadaires,
– Arrêt de la dispersion → tous concentrés sur le cash et les marges dans la cible.

4. QUELLES CONSÉQUENCES TIRER DE CE QUI PRÉCÈDE EN TERMES D'ORGANISATION CIBLE DE LA DIRECTION FINANCIÈRE ?

Nous présentons ci-dessous sept organisations rencontrées très fréquemment sur le terrain par les groupes qui procèdent régulièrement à des acquisitions d'entreprises de plus petite taille. Ces sept organisations ne fonctionnent pas dans la pratique. Il convient de les corriger rapidement afin de mettre en place, dans les 100 jours, de préférence l'organisation cible.

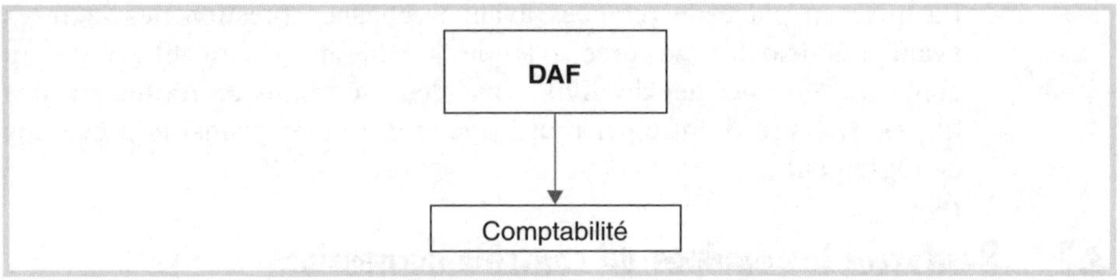

Figure 5.1 ci-dessus – *le directeur financier de la cible est en fait un super chef comptable. Que fait-il par ailleurs ? Qui s'occupe de la trésorerie ? Qui contrôle les marges ?*

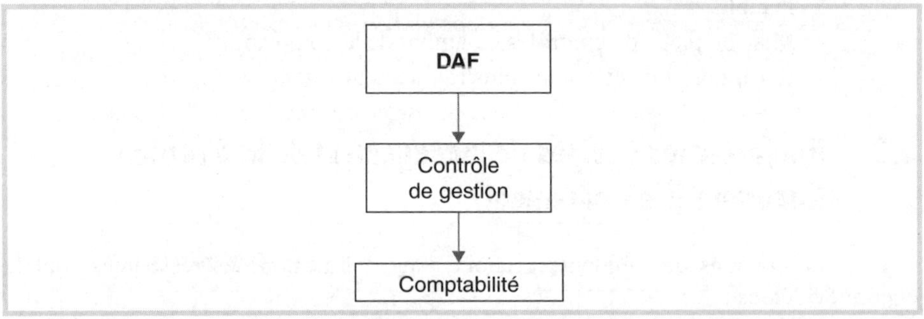

Figure 5.2 ci-dessus – *Le directeur financier de la cible supervise le contrôle de gestion qui contrôle lui-même la comptabilité. Le directeur financier n'a une vision de la comptabilité qu'au travers du prisme du contrôle de gestion. Cette situation n'est pas saine. Que fait-il par ailleurs ? Qui s'occupe de la trésorerie ? Qui s'occupe des marges si le contrôle de gestion fait de la comptabilité ? Tout le monde s'occupe un peu de tout… et donc de rien.*

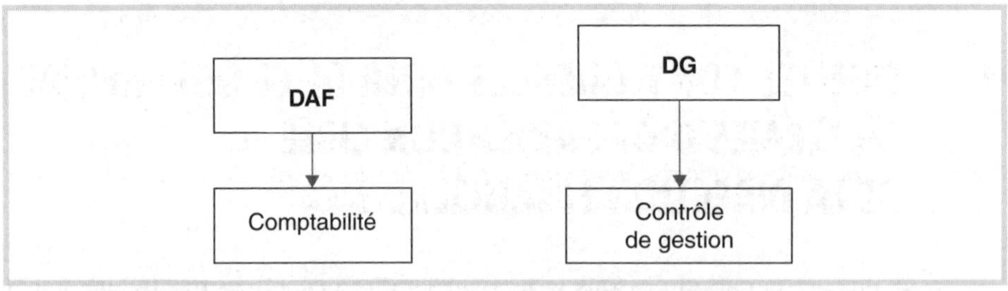

Figure 5.3 ci-dessus – *20 % des cas rencontrés sur le terrain. Le directeur financier de la cible est un super chef comptable. Le management supervise le contrôle de gestion et peut donc faire dire aux chiffres (reporting) ce qui l'arrange sans aucun moyen pour le directeur financier de contrôler quoi que ce soit. Le risque est très grand qu'il y ait un écart entre les chiffres annoncés par le contrôle de gestion et ceux de la comptabilité. La comptabilité a toujours raison, mais malheureusement souvent trop tard…*

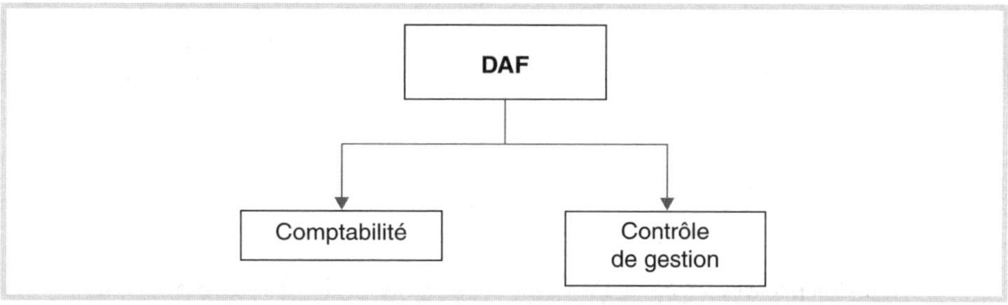

Figure 5.4 ci-dessus – *Le directeur financier de la cible maîtrise la comptabilité et le contrôle de gestion. Quid de la trésorerie ? Le déséquilibre entre la taille des deux services laisse penser que le contrôle de gestion passe son temps à compenser les faiblesses de la comptabilité. Il y a donc un risque très fort de doublons ou de surconsommation de ressources. Les solutions possibles : trancher les problèmes de personnes à la comptabilité, renforcer l'équipe comptable, former les personnes, résoudre les problèmes de systèmes qui peuvent polluer la performance…*

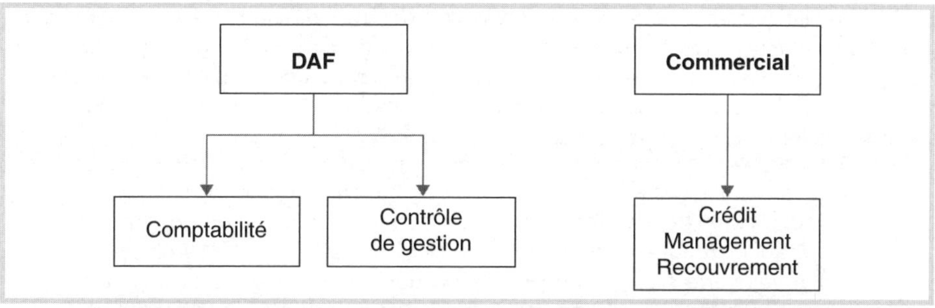

Figure 5.5 ci-dessus – *Le directeur financier de la cible maîtrise la comptabilité et le contrôle de gestion. Équilibrés cette fois en terme de forces en présence. Quid de la trésorerie ? Laisser la responsabilité du credit management et du recouvrement aux équipes commerciales est très dangereux pendant la période d'intégration. Les équipes commerciales ont pour vocation de vendre et elles n'hésiteront pas à sacrifier les conditions de paiement pour compenser des pertes de chiffre d'affaires. Il est urgent que le directeur financier reprenne la main et contrôle ce qui se passe sur le BFR.*

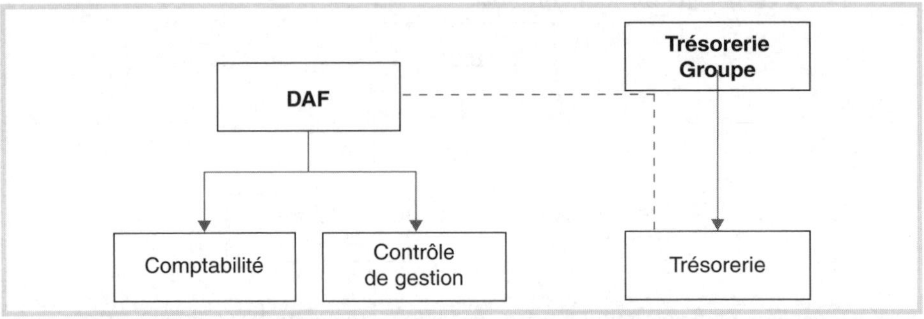

Figure 5.6 ci-dessus – *Le directeur financier de la cible maîtrise à peu près tout mais la trésorerie parle d'abord au groupe où a lieu la centralisation de la trésorerie. Ce cas est très fréquent dans les groupes où sont installés des systèmes de cash pooling. Le risque de ce type d'organisation est double :*

– Incohérence des informations fournies sur la trésorerie du fait des deux canaux (fonctionnel et management),

– Déresponsabilisation du niveau local sur le cash et sur la maîtrise de la trésorerie opérationnelle. Que se passera-t-il quand nous les aurons rachetés, qu'ils seront sortis de leur ancien groupe et que l'entreprise devra être autonome sur le plan de son financement opérationnel ? C'est un point crucial qui doit être anticipé très en amont. Le directeur financier de la cible n'a peut-être aucune compétence dans le domaine de la trésorerie et des financements. Il n'est peut-être en fait qu'un contrôleur financier. C'est un point à élucider rapidement.

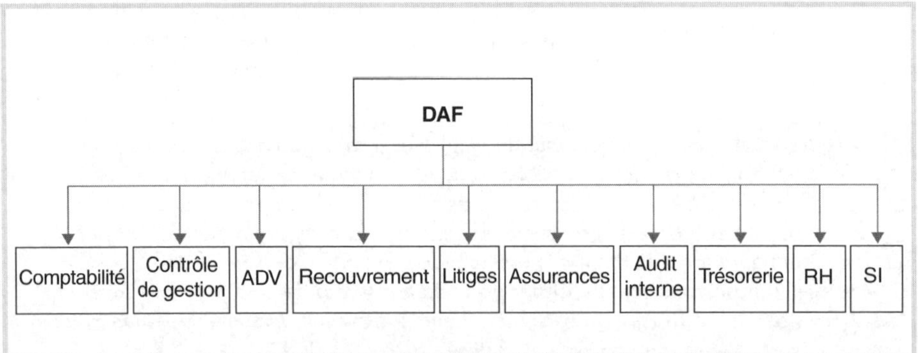

Figure 5.7 ci-dessus – *Le directeur financier de la cible a créé son empire (diviser pour mieux régner). Il veut gérer trop de choses à la fois et sur le même plan. C'est le cash qui compte… Cela ne ressort pas de son organisation et cela n'inspire pas confiance. Comment créer un esprit d'équipe dans une telle organisation ? Comment être efficace ? 40 % des ressources sont consacrées à des réunions de coordination internes ou à la résolution de problèmes d'égos ou de périmètres d'activité ou de responsabilités entre chacun des sous-services. Si bien sûr il y a des réunions… S'il n'y en a pas, il y a fort à parier que des chiffres ou des informations incohérentes entre elles sortent de la finance*

*** La recherche du bon équilibre**

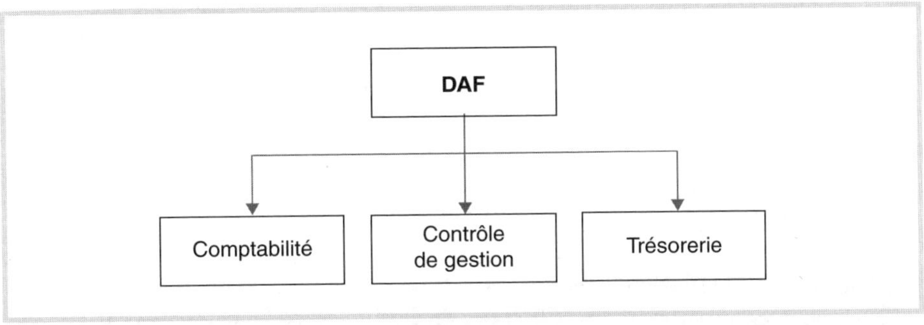

Figure 5.8 ci-dessus – *La direction financière du siège et de la cible, un travail d'équipe avant tout ! Le rôle du directeur financier est de manager ses équipes recentrées autour de trois pôles et d'assurer la synthèse et la cohérence des informations produites dans les trois services. Si les chiffres produits dans les trois services sont cohérents entre eux (idéalement rapprochés mensuellement), il y a fort à parier que ce que disent ensemble les trois services n'est pas loin de la vérité du moment... Le reporting comptable réconcilié avec le reporting de gestion et le reporting de trésorerie, c'est déjà l'aboutissement de 50 % du travail sur le contrôle interne. C'est cette organisation qu'il convient de mettre rapidement en place dans la cible.*

Quelques mots sur la productivité de la direction financière :

La productivité maximum de la direction financière est une alchimie difficile à trouver entre

- Des hommes et des femmes compétents et motivés,
- Des outils/systèmes adaptés et performants,
- Des hommes et des femmes formés à ces outils/systèmes.

Une des responsabilités du directeur financier consiste à proposer régulièrement au management des plans pour améliorer cette alchimie et ensuite de faire adhérer ses équipes à ces plans. Il n'y a pas de « martingale » absolue... C'est l'intuition et l'expérience du directeur financier qui font concrètement la différence sur le terrain.

CHAPITRE 6

LA TRÉSORERIE, PLUS PETIT DÉNOMINATEUR COMMUN DE LA SOCIÉTÉ QUI ACHÈTE ET DE LA CIBLE

15 QUESTIONS CLÉS À SE POSER DES DEUX CÔTÉS POUR CRÉER ENSEMBLE DE LA VALEUR AJOUTÉE DURABLE ET ACCÉLÉRER LA MISE EN PLACE DES SYNERGIES

SOMMAIRE

Le directeur financier et son équipe sont appelés à jouer un rôle central dans la création de valeur. Ils doivent être en mesure d'organiser leur temps, de dégager leurs priorités et de vérifier que celles-ci sont en ligne avec les attentes du management mais aussi avec celles des actionnaires.

Au fil des années, nous avons élaboré un questionnaire en 15 points afin d'identifier très rapidement quand nous arrivons dans une entreprise (que par définition nous ne connaissons pas) où nous mettons les pieds (qualité de la gestion) et à qui nous avons affaire (typologie de nos interlocuteurs).

Ce questionnaire nous permet d'identifier des points de faiblesses dans l'organisation et dans la gestion et de bâtir notre plan d'actions. Celui-ci a pour objectif principal de mettre en place des bonnes pratiques visant à agir efficacement sur la trésorerie à très court terme (du 1er jour de notre arrivée jusqu'à la fin des six premières semaines environ) et sur les marges ensuite. Sur les 300 entreprises évaluées à ce jour grâce à ce questionnaire, aucune n'avait tous les indicateurs au rouge et aucune n'avait tous les indicateurs au vert. A chaque fois, l'objectif a été de corriger les 5 ou 6 indicateurs dans le rouge pour les faire passer rapidement et à moindre coût dans le vert.

Ce questionnaire a également pour but de permettre aux contrôleurs ou aux directeurs financiers de s'auto-évaluer par rapport aux résultats d'une étude statistique menée auprès de plusieurs centaines d'entreprises. Chaque question correspond à une bonne pratique qui contribue de près ou de loin à l'amélioration de la visibilité sur le cash ou à la rationalisation de l'action du directeur financier pour créer de la valeur ajoutée durable dans l'entreprise.

Chaque question est en elle-même une piste d'action pour améliorer soit le cash, soit la marge, soit les outils de pilotage. La réponse positive à chaque question va accélérer et sécuriser l'intégration de l'acquisition. Réussir son intégration, c'est apporter une réponse positive et pérenne à chacune de ces 15 questions. Mettre en place des solutions concrètes sur chacun des 15 points au cours des 100 premiers jours de l'intégration est tout à fait possible.

Répondez par oui ou par non à chacune des 15 questions en entourant votre réponse :

1. Dans votre entreprise, avez-vous un calendrier de clôture ?

   OUI – NON

2. Dans votre entreprise, la comptabilité est-elle à jour ?

   OUI – NON

3. Dans votre entreprise, le reporting mensuel est-il réconcilié avec la comptabilité générale ?

   OUI – NON

4. Dans votre entreprise, avez-vous des problèmes de marges (foyers de pertes non identifiés à temps) en plus des problèmes de trésorerie ?

   OUI – NON

5. Dans votre entreprise, disposez-vous d'analyses de rentabilité par produits et par clients ?

   OUI – NON

6. Dans votre entreprise, l'évolution de la trésorerie est-elle modélisable ?

   OUI – NON

7. Dans votre entreprise, disposez-vous d'une prévision de trésorerie à jour ?

   OUI – NON

8. Dans votre entreprise, rapprochez vous mensuellement la comptabilité analytique avec la comptabilité générale ?

   OUI – NON

9. Dans votre entreprise, disposez-vous de statistiques fiables sur les litiges clients et sur leurs délais de résolution ?

   OUI – NON

10. Dans votre entreprise, avez-vous des procédures écrites de recouvrement des créances clients ?

    OUI – NON

11. Dans votre entreprise, avez-vous des procédures écrites de credit management ?

    OUI – NON

12. Dans votre entreprise, êtes-vous « confortables » avec votre balance âgée ?

    OUI – NON

13. Dans votre entreprise, le reporting mensuel contient-il plus de 50 pages ?

    OUI – NON

14. Dans votre entreprise, le reporting mensuel intègre-t-il des indicateurs sur le cash ?

    OUI – NON

15. Dans votre entreprise, vous plaignez-vous de votre système d'information et diriez-vous que le SI est inapproprié à l'activité de l'entreprise ?

    OUI – NON

1. COMMENTAIRES SUR LES 15 QUESTIONS ET PISTES D'ACTIONS

1.1 Dans votre entreprise, avez-vous un calendrier de clôture ?

30 % des entreprises n'ont pas de calendrier de clôture.

Commentaires :

Il est très difficile d'élaborer efficacement une prévision de trésorerie qui soit fiable si la comptabilité n'est pas à jour et s'il n'y a pas une volonté ou une habitude de travailler selon un certain rythme. Les 30 % intègrent trois situations :

- il n'existe pas de calendrier de clôture dans l'entreprise,
- il en existe un mais il n'a pas été communiqué aux opérationnels ou aux filiales,
- le calendrier de clôture existe et il a été communiqué mais le non respect de ce calendrier n'est assorti d'aucune contrainte, sanction ou pénalité.

Sortir les comptes de manière aléatoire ou en retard rend aléatoire également le travail sur le contrôle de gestion et sur la trésorerie. Tout travail sérieux dans le département finance part de la comptabilité. Celle-ci-doit être fiable et sortir dans les délais impartis.

1.2 Dans votre entreprise, la comptabilité est-elle à jour ?

50 % des entreprises ont une comptabilité en retard.

Commentaires :

Par retard, on entend ici les entreprises qui ne comptabilisent pas durant le mois M les factures reçues, émises, etc. pendant ce mois M et qui donc ont au minimum un mois de retard ou de décalage. Ce retard peut concerner aussi les rapprochements bancaires, les stocks, les écritures de paie…

Souvent, il trouve sa source dans l'absence de calendrier et dans l'absence de sanctions sur le respect du calendrier. Le retard peut aussi être imputable à des problèmes de compétences ou de ressources.

Le retard est également souvent « culturel ». À quoi bon se mettre à jour tous les mois puisqu'on sort des comptes seulement une ou deux fois par an ?

1.3 Dans votre entreprise, le reporting mensuel est-il réconcilié avec la comptabilité générale ?

***Plus de 50 %** des entreprises produisent un reporting mensuel non réconcilié avec la comptabilité générale.*

Commentaires :

Le cas typique est celui du contrôleur de gestion qui produit un reporting mensuel sur tableur où seul le chiffre d'affaires (ct encore !) est comptabilisé. Tous les autres éléments du compte d'exploitation (pourcentage de marge, frais de structures, etc.) sont évalués par approximation ou tirés du budget – qui a pu être préparé il y a plus d'un an (entretemps, les données de marché ou de prix de revient ont pu évoluer).

Autre cas rencontré fréquemment, le reporting mensuel est élaboré par le contrôleur de gestion. Il a l'habitude de reprendre certains éléments de la balance générale et de saisir d'autres éléments (provisions) directement dans le tableur. Le rapprochement (écriture par écriture ou grande catégorie d'écritures par grandes catégories d'écritures) entre la balance générale et le reporting n'est pas documenté. Le contrôleur de gestion part en vacances au ski. Il se casse la jambe. Personne n'est capable de retrouver dans ses dossiers ce qu'il a fait... Faute de documentation de ce rapprochement, l'entreprise est dans l'incapacité de dire où elle en est. Tout est à reprendre à zéro.

1.4 Dans votre entreprise, avez-vous des problèmes de marges (foyers de pertes non identifiés à temps) en plus des problèmes de trésorerie ?

***60 %** des entreprises qui ont des problèmes de trésorerie ont également des problèmes de marges (foyers de pertes non identifiés à temps).*

Commentaires :

Les problèmes de marge non identifiés sont le « cancer » des entreprises. Ils sont non identifiés soit parce que l'entreprise est sous-équipée en comptabilité et en contrôle de gestion – parce que le dirigeant n'a pas jugé ces services comme prioritaires en termes d'investissements. Ils peuvent être non identifiés parce que personne n'a envie ou intérêt à les identifier. Ex : le dirigeant de PME qui sait que s'il se penche sur la rentabilité d'une branche de l'entreprise, il va devoir se séparer d'une partie du personnel...

Autre exemple : dans un grand groupe, le patron d'une « business unit » qui est à 6 mois de sa prochaine promotion et préfère laisser ces problèmes à son successeur...

Dans tous les cas, une comptabilité analytique inappropriée peut entraîner des situations où les plus et les moins se compensent. L'entreprise a l'impression de gagner de l'argent alors que la rentabilité de certains produits ou clients sert à compenser des pertes sur d'autres...

1.5 Dans votre entreprise, disposez-vous d'analyses de rentabilité par produits et par clients ?

***Plus de 60 %** des entreprises ne disposent pas d'analyses de rentabilité par produits et par clients.*

Commentaires :

L'analyse des marges par produits et par clients permet de vérifier sous les deux axes qu'il n'y a pas de foyers de pertes non identifiés. Se limiter à l'analyse par produits ou par ligne de produits, comme c'est trop souvent le cas, empêche de mettre l'équipe commerciale sous tension… Disposer des deux permet de vérifier qu'il n'y a pas trop de disparités de marges d'un client à un autre, ou d'une région à l'autre, et si des disparités existent, de vérifier que celles-ci sont justifiées, documentées et autorisées par le management.

1.6 Dans votre entreprise, l'évolution de la trésorerie est-elle modélisable ?

50 % des directeurs financiers déclarent que dans leur entreprise, l'évolution de la trésorerie n'est pas modélisable (« Chez nous, c'est différent : le marché est volatile, on ne peut jamais savoir à l'avance ») et donc celle-ci n'est pas modélisée.

Commentaires :

La trésorerie opérationnelle et les évolutions de BFR sont toujours modélisables, au moins en grandes masses ou à l'intérieur de fourchettes. Un management qui refuse d'entendre parler de modélisation est un management qui soit pilote à vue, soit cache quelque chose. Même dans des marchés très volatils, il est toujours possible d'élaborer trois scénarios d'activités (haut, moyen, bas) et d'en tirer les conséquences en termes de comportement de la trésorerie.

1.7 Dans votre entreprise, disposez-vous d'une prévision de trésorerie à jour ?

60 % des entreprises n'ont pas de prévision de trésorerie à jour. Quand la prévision de trésorerie existe, elle est erronée dans plus de 50 % des cas parce que la comptabilité n'est pas à jour. Quand la prévision de trésorerie existe, dans plus de 60 % des cas le lien entre les marges et la trésorerie n'est pas explicite.

Commentaires :

Souvent, à l'intérieur d'un même service de direction financière, les personnes n'utilisent pas les mêmes chiffres. Par exemple, le contrôleur de gestion mesure la performance à la semaine – ce qui est en général le rythme de fonctionnement de l'usine. Le comptable travaille sur le mois. Le trésorier suit la trésorerie au jour le jour. Les périodes sont différentes, les définitions des agrégats (chiffre d'affaires, marges…) peuvent également être différentes d'un service à l'autre.

Chaque composante de la direction financière manipule des chiffres et des définitions différents. Il est difficile dans ce contexte de réconcilier clairement rentabilité et trésorerie. Difficile également, sur ces bases, de faire la pédagogie de ses chiffres vis-à-vis de la direction générale ou vis-à-vis des directions opérationnelles.

Faute d'une comptabilité et de prévisions d'exploitation à jour, le directeur financier tente de se débrouiller comme il peut. Il « bidouille » sur un tableur une prévision pour les mois futurs soit en divisant par 12 le budget de l'année en cours, soit en extrapolant les mois futurs en fonction des chiffres de l'année précédente. Ces savants calculs s'avèrent souvent erronés.

1.8 Dans votre entreprise, rapprochez vous mensuellement la comptabilité analytique avec la comptabilité générale ?

***90 %** des entreprises qui ont déposé leur bilan ne rapprochaient pas mensuellement leur comptabilité analytique avec leur comptabilité générale.*

Commentaires :

L'entreprise qui se dégrade (produits, clients, qualité, équipes, management, etc.) a bien d'autres choses à faire que de rapprocher mensuellement sa comptabilité générale avec sa comptabilité analytique. Mais sans ce rapprochement, comment être sûr que les chiffres à partir desquels le management s'apprête à prendre des décisions sont fiables et donc finalement que le management prend les bonnes décisions ?

1.9 Dans votre entreprise, disposez-vous de statistiques fiables sur les litiges clients et sur leurs délais de résolution ?

***40 %** des entreprises ne gèrent pas de statistiques sur les litiges clients.*

Commentaires :

L'absence de statistiques et de mesure conduit à l'absence d'axes de progrès. Au minimum, les litiges clients peuvent être classés en trois catégories :

- litiges commerciaux : application erronée du tarif, mauvais taux de remise…
- litiges administratifs : erreur sur le numéro de commande, l'adresse de livraison, l'adresse de facturation, etc.
- litiges « qualité » : le client refuse de payer soit parce que la prestation n'a pas eu lieu, soit parce qu'elle n'est pas conforme à ses attentes.

Rappelons que la moyenne nationale pour le traitement d'un litige, c'est 25 jours. Accélérer le délai de traitement et de résolution des litiges par une meilleure appréhension statistique de leur survenance, c'est faire un grand pas dans la réduction de la DSO. Ce sont les litiges qui plombent les balances âgées…

1.10 Dans votre entreprise, avez-vous des procédures écrites de recouvrement des créances clients ?

***50 %** des entreprises n'ont pas de procédures écrites de recouvrement des créances clients.*

Commentaires :

L'absence de procédures écrites implique qu'à chaque nouvel impayé, l'entreprise ou la personne en charge du recouvrement va devoir ré-improviser un comportement. Exemple : chaque comptable va réécrire une lettre-type… ou bien on va oublier le principe d'escalade dans la relance. Les délais pour passer le dossier au contentieux vont s'allonger et les chances de paiement diminuer. Il en résulte une déperdition d'énergie, une grande dépendance par rapport aux personnes du service qui procèdent par habitude et en définitive des pertes financières en raison du manque de rigueur dans le traitement des dossiers de recouvrement. Cette statistique (50 %) recouvre aussi la situation très fréquente d'entreprises qui ont fait l'objet de rachats successifs et ont appartenu à différents groupes. Il subsiste dans l'entreprise plusieurs jeux de procédures, celles de l'ancien groupe, celles du nouveau, etc. Les personnes en charge du recouvrement ne savent plus vraiment lesquelles appliquer. Chacun fait son mix dans son coin…

1.11 Dans votre entreprise, avez-vous des procédures écrites de credit management ?

60 % des entreprises n'ont pas de procédures écrites de credit management.

Commentaires :

L'absence de procédures écrites aura pour conséquence que chaque nouvelle demande de crédit sera traitée au cas par cas. C'est à chaque fois un bras de fer entre la finance et les opérationnels ou les commerciaux. À ce petit jeu, les équipes de la direction financière vont rapidement perdre confiance en elle et s'épuiser. Mieux vaut des procédures écrites que l'on assouplit de temps en temps ou qui comportent quelques zones de flou que l'on fait arbitrer au cas par cas par la direction générale qu'une déperdition d'énergie dans l'entreprise en raison de conflits permanents en interne au sujet de l'autorisation de dépassement de son plafond pour tel ou tel client. Mettre en place des procédures écrites de credit management, c'est protéger ses équipes de direction financière… et cela permet de retrouver une sérénité dans le fonctionnement en interne.

1.12 Dans votre entreprise, êtes-vous « confortables » avec votre balance âgée ?

***Plus de 60 %** des directeurs financiers ne sont pas « confortables » avec leur balance âgée.*

Commentaires :

C'est la question centrale que tout directeur financier a intérêt à se poser, car à un moment ou l'autre, l'actionnaire la lui poser. Combien de fois le management ne va-t-il pas trouver son actionnaire pour lui demander de l'argent alors que le point sur les encaissements n'a pas été effectué de façon précise… Pourquoi demander de l'argent à son actionnaire alors que l'argent manquant se trouve dans les comptes clients ? Les raisons pour lesquelles beaucoup de directeurs financiers ne sont pas « confortables » avec leur balance âgée sont diverses et multiples :

- le total de la balance âgée est différent du total des comptes clients dans la balance générale,
- l'ergonomie des documents est inadaptée (par exemple, l'impression de la balance âgée sort du système et ne permet pas de lire les noms complets des clients),
- les échéances dans la balance âgée ne correspondent pas à celles indiquées sur les factures, ni mêmes à celles négociées par les commerciaux,
- la balance âgée oublie de traiter une catégorie de clients,
- il existe un décalage très important entre l'encaissement des règlements et le lettrage dans les comptes clients,
- la balance âgée est incapable de traiter les règlements partiels,
- etc.

Pour toutes ces raisons, la balance âgée reste le plus souvent confinée dans un placard à la comptabilité au lieu de circuler dans les services afin notamment de servir d'information clé en vue de coordonner avec les commerciaux la relance des clients en retard. Pour toutes ces raisons également, on perd parfois énormément de temps à saisir à la main la balance âgée dans un tableur (avec tous les risques d'erreur que l'on sait).

1.13 Dans votre entreprise, le reporting mensuel contient-il plus de 50 pages ?

20 % des reportings mensuels contiennent plus de 50 pages.

Commentaires :

Au-delà de 10 à12 pages, qui lit le reporting ?

Des études ont été menées auprès de différents comités de direction. Les cadres dirigeants ou supérieurs ne sont en général pas capables de s'approprier plus de 3 ou 4 chiffres à la fois…

1.14 Dans votre entreprise, le reporting mensuel intègre-t-il des indicateurs sur le cash ?

30 % des reportings mensuels n'intègrent pas d'indicateurs sur le cash.

Commentaires :

C'est le principal changement en termes de reporting demandé par les fonds d'investissements quand ils arrivent dans une entreprise : y voir clair dans la trésorerie, savoir où l'on va et si l'on pourra rembourser la dette… Les indicateurs sur le cash à mettre en place sont les suivants :

- bilan (si possible qui matche avec le compte de résultat ; il est parfois très difficile de réconcilier les deux, notamment quand le reporting est produit sur tableur c'est-à-dire quand le reporting est déconnecté de la comptabilité),
- détail des comptes clients par échéance, calculs de DSO,
- tableau de suivi des litiges ou des contentieux,
- tableau de suivi des stocks, calculs de rotation des stocks,
- prévision de trésorerie,
- tableau récapitulatif de la dette,
- etc.

1.15 Dans votre entreprise, vous plaignez-vous de votre système d'information et diriez-vous que le SI est inapproprié à l'activité de l'entreprise ?

40 % des directeurs financiers se plaignent de leur système d'information et considèrent qu'il est inapproprié à l'activité de leur entreprise.

Commentaires :

Une des raisons le plus souvent invoquées par les directeurs financiers n'ayant pas satisfait aux 14 points précédents consiste à se plaindre du système d'information. Ils n'ont pas été consultés sur le choix du système. Ou c'est leur prédécesseur qui l'a mis en place…

Pas besoin d'avoir des systèmes d'information flambants neufs pour déclencher une opération coup de poing sur les comptes clients ou sur les stocks…

CHAPITRE 7

RÉUSSIR SON SPIN-OFF (SORTIE DE GROUPE) OU SON CARVE-OUT

SOMMAIRE

Au cours des dernières années, nous avons eu à traiter plusieurs problématiques liées aux opérations de sorties d'activités (sous-groupes, filiales, divisions, actifs ou fonds de commerce, etc.) de grands groupes cotés (industrie et services) pour le compte d'investisseurs financiers privés (fonds d'investissements). Les opérations de spin-off (sorties de groupes) posent souvent dans la pratique les mêmes types de problèmes en termes de contrôle de gestion ou de direction financière opérationnelle :

- des problématiques liées au changement de culture de l'entreprise : le passage à la culture Cash,
- des problématiques liées au contrôle de gestion opérationnel de la marge : le changement du nombre de zéros !

Mieux vaut donc les connaître pour mieux les anticiper.

1. LES PROBLÉMATIQUES LIÉES AU CHANGEMENT DE CULTURE DE L'ENTREPRISE : LE PASSAGE À LA CULTURE CASH !

C'est un sujet souvent mal appréhendé et rarement anticipé. Les investisseurs financiers ont des exigences légitimes en terme de qualité de reporting et de pilotage du cash (notamment pour refacturer rapidement les frais d'acquisition ou pour rembourser la dette LBO). Les entreprises qui sortent de groupes de taille importante sont souvent mal équipées. La trésorerie était centralisée (*cash pooling*) et assurer la liquidité quotidienne de l'entreprise n'était pas la préoccupation principale du DAF ni même du dirigeant de la filiale ou du sous-groupe. La négociation des conditions bancaires était centralisée également. Le plus souvent, les concours bancaires, s'il y en avait, étaient garantis par la signature de la maison-mère.

L'arrivée d'un investisseur financier professionnel (fonds d'investissement) bouscule les priorités de la direction financière en termes :

- d'indicateurs de gestion et de pilotage de l'entreprise par le cash,
- de priorités d'actions au quotidien (gestion plus agressive des postes du bilan, négociation avec les banques…).

La mauvaise nouvelle, c'est que souvent le contrôleur financier ou le directeur financier issu d'un grand groupe n'ont jamais eu au cours de leur expérience professionnelle à mettre en place une ligne d'escompte ou de Dailly, encore moins de l'affacturage. Lorsqu'il s'agira de mettre en place la prévision de trésorerie à 12 mois, on s'apercevra également qu'ils ont du mal à modéliser les encaissements et les décaissements, les remontées de dividendes des filiales, les calculs d'impôts… soit par inexpérience ou par manque de recul face au business (ou au processus de LBO lui-même), soit parce que les prévisions d'exploitation (budget, business plan) sont peu fiables (souvent pas ou très mal mensualisées) et rarement réconciliées avec la réalité comptable.

La bonne nouvelle, c'est que :

- l'on trouve sur le marché des logiciels à des prix raisonnables et relativement faciles à installer qui permettent d'aider à modéliser et à fiabiliser la prévision de trésorerie.
- l'on récupère toujours dans les équipes reprises au niveau n-1 ou n-2 des profils comptables ou des contrôleurs de gestion qui, dans une expérience professionnelle passée, ont eu à traiter du « cash » sur le plan opérationnel (tout le monde n'a pas effectué toute sa carrière dans un grand groupe) et qui auront l'agressivité suffisante, s'ils se sentent soutenus par leur management, pour prendre en charge ces aspects dans le cadre de la nouvelle gestion.

Il suffit parfois d'expliquer une bonne fois pour toutes aux comptables que l'argent collecté aux caisses des restaurants est le même que celui qui servira à payer leurs salaires et celui de leurs collègues à la fin du mois. Dans une PME/PMI, c'est une évidence. Dans les grands groupes très centralisés, c'est beaucoup moins clair pour certains.

Une des erreurs fréquentes que l'on rencontre également consiste à vouloir mener trop rapidement « la révolution des systèmes d'information » dans la nouvelle entité.

Le lancement d'un chantier de type « ERP », sous réserve qu'il soit démontré que ce type d'outil est approprié à la taille et à la complexité de la nouvelle entité, est très consommateur de ressources et génère des « coûts cachés ». Si l'entreprise est peu structurée, il peut s'agir d'un travail quasiment à temps plein pour le DAF pendant plusieurs mois, voire plus.

Exemple de dérive possible :

L'entreprise était très profitable. Le nouveau DAF travaillait sur le dossier ERP depuis 1 an, assisté d'un consultant à temps plein. Le Président de l'entreprise, dont la « marotte » est l'informatique, avait promis une prime à l'un et à l'autre, payable à la mise en service du nouveau système d'information. Pendant la même période, le compte clients est passé de 50 jours à 90 jours. Sans que personne ne s'en soit ému dans l'entreprise… à l'exception de l'actionnaire bien sûr !

2. LES PROBLÉMATIQUES LIÉES AU CONTRÔLE DE GESTION OPÉRATIONNEL DE LA MARGE : LE CHANGEMENT DU NOMBRE DE ZÉROS !

C'est le point essentiel, qu'il s'agisse des frais généraux, des augmentations de salaires, des marges opérationnelles ; lorsque l'on passe d'un groupe de plusieurs milliards d'euros de chiffre d'affaires à une PME autonome de 40 millions d'euros, le seuil de matérialité des contrôles change. Les écarts par rapport au budget que l'on avait pour habitude d'analyser seulement au-dessus de 50 K€ ou 100 K€ vont être désormais analysés à partir de 500 € ou 1 000 €, voire moins. *Comme si c'était notre propre argent.* Souvent d'ailleurs, on constatera que dans l'équipe comptable ou financière, seules quelques personnes sont capables de procéder à ce « réglage de lunettes ».

Certains diront que ce risque n'existe pas puisque dans la pratique les principaux cadres (y compris les financiers) sont intéressés aux résultats (les spin-off sont souvent financés sur le mode LBO) et que donc le management, parce que ses intérêts sont alignés sur ceux des actionnaires, va procéder au contrôle de la marge dans ses moindres détails.

Notre constat, tiré de l'expérience, est très mitigé dans ce domaine. Il n'est pas donné à tout le monde dans une direction financière de passer d'un contrôle de type grand groupe où l'on voit les choses souvent assez globalement à un contrôle plus serré de type « épicerie » (celui que réclame l'actionnaire d'une PME/PMI ou un fonds d'investissements).

D'autant plus qu'au cours de la première année du LBO, après un spin-off, on constate souvent que dans le business plan :

- le BFR normatif a été calculé de manière très approximative,
- le chiffre d'affaires mois par mois a été mal anticipé,
- Les frais généraux ont été mal appréhendés (parfois sous-évalués de manière éhontée !), notamment parce que, dans l'ancienne gestion, la filiale bénéficiait de services gratuits ou non refacturés à 100 % par le siège (suivi de la trésorerie, support juridique et fiscal, services généraux, support informatique…) ou bien de prestations anciennement logées dans des entités intermédiaires ou régionales (animation commerciale, communication, consolidation des données financières, statistiques ou commerciales, contrôle). Et cela que le DAF d'origine ait été partie prenante au business plan ou pas !

Le meilleur moyen de vérifier si l'équipe financière « tient la route » sur ces sujets (et donc de vérifier que l'argent de l'actionnaire est bien géré) consiste à lui demander très rapidement de refaire un exercice budgétaire complet (comprenant des tableaux de financement) et de comparer les impacts par rapport au business plan d'origine (notamment celui des deux premières années). La manière dont le DAF va s'y prendre, les relais parmi les opérationnels qu'il utilisera dans l'entreprise et le respect des délais seront riches d'enseignement pour la suite du LBO.

Tant que ce cap « technique » n'est pas franchi avec succès par l'équipe de la direction financière, il nous parait aventureux de se lancer dans des opérations de croissance externe significatives. Ce cap peut être « vital ». Il importe, dès les premiers mois, de démontrer la capacité de l'entreprise à se débrouiller seule, sans le support de son ancienne maison-mère. Il s'agit d'apporter la preuve de la mise en autonomie de l'entreprise, sans avoir recours par ailleurs à des armées de consultants. Comment une équipe de direction financière pourrait-elle valablement contrôler et piloter le business plan d'une acquisition si elle n'a pas fait la démonstration de sa capacité à « décortiquer » et élaborer le sien par elle-même ? à gérer sa trésorerie au quotidien ? à résoudre par elle-même des problèmes pratiques qui relèvent souvent davantage des services généraux que de la finance (tickets restaurants, assurances, véhicules de fonction, gestion des imprimantes, de la téléphonie, etc.).

3. EN SYNTHÈSE, IL N'Y A PAS DE DIFFICULTÉ INFRANCHISSABLE À PASSER D'UNE GESTION OPÉRATIONNELLE DE TYPE GRAND GROUPE À UNE GESTION DE TYPE PME/PMI AUTONOME

La réussite de ce virage passe par l'anticipation, la préparation de l'après transaction et aussi, il ne faut pas se le cacher, par le choix judicieux des hommes. Dans une PME/PMI, le directeur financier est par essence polyvalent et multi-tâches. Il n'a bien souvent personne à qui déléguer et il doit accomplir lui-même un grand nombre de tâches (pas toutes gratifiantes). Il doit « *mettre les mains dans le cambouis* » et se préoccuper de tout (comptabilité, contrôle de gestion, trésorerie, mais aussi des aspects administratifs… qui pèsent fortement sur son agenda), au risque parfois de lui faire perdre pied sur les aspects qui comptent (le suivi du cash !).

Si les choix sur les hommes et les femmes qui composent la direction administrative et financière sont effectués dans une trop grande précipitation (par exemple pour satisfaire aux demandes des actionnaires ou aux « covenants » imposés par les banquiers), on a toutes les chances, d'ici un an, de devoir tout recommencer.

Le choix des personnes doit donc s'inscrire dans un plan d'action post spin-off organisé et détaillé. Le fait de rédiger ce plan, de décrire en détail les tâches et les responsabilités contenues dans chacun des postes du département finance, permet d'y voir plus clair. De nombreuses erreurs que l'on récupère 12 à 18 mois après le démarrage du LBO et qui prennent un temps considérable à corriger ensuite (ex : distributions de dividendes supérieures aux réserves, comptes de filiales encore tenus en francs, communication de chiffres erronés aux banquiers…) sont souvent le fait d'une trop grande précipitation au cours des premières semaines (par désir de plaire au nouvel actionnaire en acquiesçant à toutes ses demandes) et sont toujours liées à l'absence de planification des priorités du directeur financier. Écrire les priorités de celui-ci et les mettre à jour tous les mois contribue à lui faire prendre le recul nécessaire à l'action.

Le spin-off est l'occasion de procéder à un changement de culture dans l'entreprise : le passage à la culture cash notamment. À cette occasion, certaines cartes de l'organisation sont redistribuées. Les comportements de type « guerrier » sont très appréciés.

Le spin-off est source de risques ou d'opportunités selon qu'on l'ait préparé ou non, et que les principaux problèmes (pratiques, techniques, ressources) ont été correctement anticipés.

4. LA CHECK-LIST DU DIRECTEUR FINANCIER DANS UN SPIN-OFF

Ci-dessous, nous récapitulons sous forme de check-list un certain nombre de tâches incontournables que doit effectuer le directeur financier durant les premiers jours dans un spin-off ou un carve-out :

4.1 Sujets administratifs à évacuer rapidement et si possible à déléguer

- Récupérer/accéder aux archives comptables, juridiques et fiscales.
- Gestion des locaux (baux, téléphonie, sécurité des accès — changement des clés, des badges, recherche éventuelle de nouveaux locaux, contrats d'entretien).
- Gestion des fournitures, nouvelles cartes de visites, nouveau papier à en-tête, etc.
- Informatique (liste non exhaustive)
  - extension des licences des logiciels
  - problèmes de performance du réseau/codes d'accès au réseau et aux systèmes
  - support technique/homme réseau
  - archivage des données/fichiers source/sauvegardes.
- Contrats d'assurances, mutuelle, secrétariat juridique, etc.

Cette liste n'est pas exhaustive. Le « A » de DAF pouvant se révéler très lourd dans la pratique et prendre le pas sur le « F »... Auquel cas, le DAF devient « d**A**f » et personne n'est content. Surtout pas l'actionnaire lorsqu'il s'en rend compte !

Certains diront que tout cela est faux car l'acquéreur négocie le plus souvent avec le vendeur des accords de services qui permettent à l'entité autonome de se retourner. De pouvoir compter sur les services de son ancien groupe. De pouvoir utiliser l'ERP encore pendant quelques mois. La belle affaire ! Dans la pratique, ces accords sont rarement négociés par les personnes qui auront à les utiliser. Les utilisateurs sont même rarement consultés. On ne va pas risquer de faire échouer une transaction juste pour la question de savoir si l'ERP est maintenu pour une période de 6 ou 12 mois supplémentaires. C'est souvent d'ailleurs l'une des premières urgences du directeur financier : comprendre ce qui été négocié et évaluer les services réels qui pourront être délivrés (ceux-ci-auront tendance, avec le temps, à se dégrader car, après la transaction, l'ancienne filiale ne sera plus forcément une priorité).

4.2 Sujets financiers impossibles à déléguer ; le directeur financier doit s'y atteler

- Prévision de trésorerie (fiabilisation à 3 mois, puis 6, puis 12)
  - Absence d'outils adaptés

- Reconstitution des historiques d'encaissements et de décaissements
- Mensualisation du business plan puis des flux
- Paiement des frais d'acquisition et des frais liés à la mise en place de la dette senior
- Activation de la holding (contrats de travail, déclarations fiscales, mise en place des contrats de management fees, etc.)

- Sortie des premiers reportings ou tableaux de bord dans un format approprié aux nouveaux actionnaires (EBITDA, trésorerie, covenants...) sans perturber les managers habitués à l'ancien format ; souvent, pendant quelques mois, le directeur financier maintient deux systèmes de reporting (l'ancien pour les managers qui y sont habitués et ont besoin d'établir des comparaisons avec les années précédentes ; le nouveau pour les actionnaires). Cela peut très rapidement devenir ingérable en termes de systèmes ou de ressources.
- Mise à jour du business plan
  - Mensualisation
  - Frais généraux souvent sous évalués car mal identifiés (l'activité bénéficiait de services centralisés ou quasi gratuits)
- BFR normatif (mal identifié puisque les éléments du BFR de l'entité sortie du groupe étaient peut-être éparpillés dans diverses entités juridiques ou mélangés à d'autres activités) à recalculer ; puis le directeur financier devra suivre son évolution dans le temps.
- Relation avec les banques
  - Renégociation des conditions
  - Mise en place de concours ou de lignes de découvert visant à mettre la trésorerie de la nouvelle entité en autonomie et surtout en sécurité
- Création d'un contrôle de gestion opérationnel – Mise en place d'indicateurs plus fins et incluant la préoccupation du nouvel actionnaire = le CASH !
- Création d'une fonction Cash Management (au dessus de 50 Millions d'euros de chiffre d'affaires) et/ou d'une fonction Trésorerie (au dessus de 100 Millions d'euros de chiffre d'affaires) qui soient l'une et l'autre tournées vers l'anticipation (sécurisation de la situation financière à 12 mois).

CHAPITRE 8

OPÉRATIONS DE BUILD-UP (CROISSANCE EXTERNE) — BIEN CHOISIR SON DIRECTEUR FINANCIER

Sommaire

Les build-up sont des opérations très appréciées par les banquiers. Il s'agit pour un dirigeant qui connaît très bien un secteur d'activité de constituer un petit groupe d'entreprises et de le développer par rachats successifs de ses concurrents ou d'entreprises en lien avec ce secteur. De devenir le champion de son secteur. Il peut être accompagné ou non par un fonds d'investissements. Les objectifs de ce type d'opérations sont multiples :

- consolider un secteur dans un marché de niche (le plus souvent ignoré par les grands groupes),
- faire jouer au maximum les synergies dans le groupe pour faire monter la rentabilité (exemple : disposer d'une seule force commerciale pour l'ensemble, d'une seule administration des ventes, d'un seul service R & D, d'un seul service logistique, etc.),
- revendre ensuite le petit groupe constitué lorsque l'ensemble atteint un seuil critique (50 à 60 millions d'euros de chiffre d'affaires) à un fonds majoritaire ou à un corporate.

Ce type d'opérations est moins capitalistique car on achète les unes après les autres des entreprises de taille modeste et on les intègre au fur et à mesure. Les banquiers apprécient ce type d'opérations car, en général, l'entreprise qui consolide son secteur le connaît bien. Il n'y a pas le risque de la découverte du secteur. Le dirigeant connaît de longue date les entreprises qu'il rachète. Les montants sont modestes à chaque fois. Le risque principal repose sur la capacité de l'entreprise à intégrer rapidement les cibles et à dégager des synergies.

1. QUELQUES PIÈGES À ÉVITER !

Ci-dessous, vous trouverez le tableau de synthèse d'un business plan préparé par un entrepreneur recherchant des fonds pour poursuivre le développement de son entreprise par opérations de croissance externe successives. À fin 2011, les 9,6 millions d'euros de chiffre d'affaires correspondent en fait à 4 entreprises rachetées au cours des 5 dernières années (une centaine de personnes environ). Le dirigeant, seul actionnaire, souhaite accélérer son développement en s'adossant à un partenaire financier (un fonds d'investissements). Il envoie son business plan à une dizaine de fonds et demande à les rencontrer.

Les remarques que l'on peut faire à propos de ce business plan (volontairement résumé pour les besoins du livre) sont les suivantes :

- la société n'a jamais gagné d'argent à ce jour,
- spécialiste elle-même du build-up (selon le dirigeant), elle n'a pas été capable de dégager des synergies tangibles entre les 4 premières sociétés du groupe ; ou pour le moins, ces synergies ne se traduisent pas encore par des profits dans le compte d'exploitation,
- la pente du chiffre d'affaires est très forte (passer de 10 à 48 millions d'euros de CA en 5 ans), ce qui signifie qu'il faut changer de braquet en termes de cibles à acquérir (nombre et niveaux des personnes à gérer, prix à payer, etc.).

	2010	2011	2012	2013	2014	2015	2016
en k€	**Réalisation**	**Non audité**	**Prévision**	**Prévision**	**Prévision**	**Prévision**	**Prévision**
Chiffre d'Affaires	**8 036**	**9 624**	**17 460**	**23 460**	**30 180**	**36 000**	**48 000**
Marge brute globale	4 823	5 582	10 118	13 514	17 407	21 143	28 295
Charges externes	1 890	1 507	2 941	4 405	6 068	7 397	9 877
Valeur ajoutée	**2 933**	**4 075**	**7 177**	**9 109**	**11 339**	13 746	18 418
Subventions	134	0	0	0	0	0	0
Impôts et taxes	120	96	120	204	252	276	360
Charges de personnel	3 372	3 796	5 767	7 433	9 226	11 206	14 996
EBE	**– 425**	**183**	**1 290**	**1 472**	**1 861**	**2 264**	**3 062**
Rentabilité Opérationnelle	**– 5,29 %**	**1,90 %**	**7,39 %**	**6,27 %**	**6,17 %**	**6,29 %**	**6,38 %**
Reprise et autres produits	83	0	0	0	0	0	0
Dotations amort et prov.	58	60	120	180	240	240	240
Autres charges	0	0	0	0	0	0	0
Résultat exploitation	**– 400**	**123**	**1 170**	**1 292**	**1 621**	**2 024**	**2 822**
Résultat financier	161	– 72	– 46	– 36	– 6	– 6	– 6
Résultat courant	– 239	51	1 124	1 256	1 615	2 018	2 816
Résultat exceptionnel	182	– 60	– 120	0	0	0	0
IS	– 102	16	370	442	420	420	600
Résultat net	**45**	**– 25**	**634**	**814**	**1 195**	**1 598**	**2 216**
CAF (*)	103	35	754	994	1 435	1 838	2 456

(*) CAF = Capacité d'autofinancement.

Le business plan comporte en outre un certain nombre d'anomalies susceptibles d'alerter les investisseurs ou de les rebuter :

- Le pourcentage valeur ajoutée rapportée/chiffre d'affaires reste stable sur la période et passe de 42 % en 2011 à 38 % en 2016 ! Avec pour conséquence une stagnation voire une diminution sur la période du pourcentage de la rentabilité opérationnelle (celle-ci passe de 7,39 % en 2012 à 6,38 % en 2016). La mise en œuvre des synergies opérationnelles n'est pas tangible. Le volume de chiffre d'affaires monte mais, en proportion de celui-ci, la rentabilité stagne ou régresse.
- La société n'envisage pas de frais financiers ou quasiment pas à compter de 2012. Il n'y a pas d'investissements, ni de comptes clients, ni de stocks à financer malgré cette si forte croissance...

Sur les 10 fonds d'investissements, 7 déclinent la proposition. Le dirigeant obtient des rendez vous avec les 3 restants. Suite aux premiers rendez-vous, 2 nouveaux fonds se désistent. Le dernier lui envoie un mail. Le dirigeant est très déçu. Il souhaitait lever 2 millions d'euros en valorisant son entreprise à 10 millions d'euros environ. Il se voit proposer par le fonds d'investissements une valorisation de 2 millions d'euros. Ce qui signifie qu'il perdrait le contrôle de son entreprise. Les points de vue sont trop éloignés. Impossibles à rapprocher. Le dirigeant jette l'éponge. Il est dégoûté.

1.1 Quels enseignements tirer du cas qui précède ?

L'apport d'un conseil externe aurait aidé le dirigeant à prendre du recul, à se poser les bonnes questions en termes de présentation de son business plan et, notamment, à mieux valoriser les synergies possibles entre le petit groupe dans son périmètre actuel et les entreprises à racheter au cours des deux ou trois prochaines années.

De plus, passer de 10 millions d'euros à 50 millions d'euros de chiffre d'affaires en 5 ans est certainement trop ambitieux. Surtout si l'on ne prévoit pas de frais financiers... La pente du chiffre d'affaires décrédibilise l'ensemble.

Peut être aurait-il mieux valu ne présenter le tableau de synthèse que jusqu'à 2013, c'est-à-dire le moment où l'on franchit le cap des 20 millions d'euros de chiffre d'affaires.

2. Y A-T-IL UN SEUIL MINIMUM À ATTEINDRE POUR INTÉRESSER LES FONDS D'INVESTISSEMENTS À UNE OPÉRATION DE BUILD-UP ? COMMENT RAISONNENT LES FONDS ?

Nous avons interrogé plusieurs fonds d'investissements de la place à propos de ce type d'opérations. Chacun a bien sûr sa stratégie, ses secteurs de prédilection, mais un grand principe se dégage tout de même. Si l'entreprise qui veut consolider son secteur ne dégage pas, avant de démarrer les acquisitions, un Ebitda supérieur à 2 millions d'euros, alors les fonds d'investissements de la place ne seront pas intéressés à accompagner le dirigeant dans sa stratégie d'acquisitions. Les build-up sont des opérations complexes (risques liés à des acquisitions successives, frais importants rapportés à la taille des opérations, incertitudes liées à l'intégration et à la structuration d'entreprises de tailles modestes, très forte dépendance vis-à-vis du dirigeant). Si le dirigeant et son équipe, avant de commencer les acquisitions, n'ont pas démontré leur capacité à dégager des profits récurrents dans leur entreprise, les fonds prendront peur. En ce qui concerne les build-up, les fonds raisonnent « Ebitda » et non chiffre d'affaires. La course au chiffre d'affaires (pour atteindre un seuil critique), c'est bien. La rentabilité et la mise en œuvre concrète des synergies sur le terrain, c'est mieux.

Avoir déjà démontré sa capacité à être profitable constitue la clé. C'est la meilleure garantie que lorsque l'on intégrera une nouvelle acquisition dans le périmètre, on saura aller à l'essentiel, imposer son modèle de gestion à la cible et dégager des profits. Si l'on n'a jamais dégagé de profits ou si on l'a fait mais seulement de façon aléatoire (grâce, par exemple, à un profit exceptionnel), quel modèle de gestion va-t-on imposer à la cible ? Un modèle qui perd de l'argent ? Réussir un build-up, c'est avant tout être capable d'exporter et de dupliquer un modèle gagnant composé de bonnes pratiques… Si au départ on perd de l'argent, le risque est très grand d'exporter ses mauvaises pratiques ou sa propre médiocrité… Cela ne fonctionne jamais ! Comme disent les Anglo-saxons qui sont des gens pragmatiques : « *Garbage in ! Garbage out !* ».

Imaginons maintenant que l'entreprise a atteint les 2 millions d'euros d'Ebitda ! Imaginons que son business plan est crédible et que les synergies anticipées ont été vérifiées et sont solides.

3. QUELLES AUTRES QUESTIONS VONT SE POSER LES FONDS S'INVESTISSEMENTS ? QUE VONT-ILS EXIGER ?

La question qui viendra juste derrière la critique constructive du business plan sera toujours liée aux hommes : Quelle équipe pour piloter le business plan ? Qui pour nous assurer que les choses avancent ? Que ce qui est écrit dans le business plan se réalise ? Qui nous alertera si les choses dérapent ?

Au fur et à mesure que la liste des questions s'allonge, on voit se dessiner le profil du directeur financier idéal que le fonds va tenter d'imposer au dirigeant pour s'assurer que tout se passe comme prévu. Directeur financier idéal, c'est-à-dire qui soit compétent, fiable, loyal (au dirigeant et aux actionnaires) et qui ait déjà participé à des opérations de croissance externe.

Une étude menée il y a quelques années auprès de plus d'une centaine de fonds d'investissements avait démontré que les investisseurs professionnels attendent beaucoup des directeurs financiers dans les opérations de build-up.

Pour plus de 80 % de ces fonds, les directeurs financiers et leurs équipes contribuent à eux seuls à plus de 5 % de la valeur ajoutée créée par une opération de croissance externe. 40 % d'entre eux considèrent que la contribution des directeurs financiers et de leur équipe va au-delà des 10 % de la valeur ajoutée créée.

Un débat va s'engager très rapidement entre le fonds et le dirigeant au sujet du profil du directeur financier à recruter. Le fonds voudra imposer un profil « lourd » et expérimenté : un DAF « de haut niveau », quitte à ce que ce profil soit momentanément surdimensionné pour l'entreprise. Le dirigeant essayera de freiner le fonds dans ses ardeurs en mettant en avant le coût d'un tel profil, mais aussi le fait que l'arrivée d'une personne de ce calibre risque de déstabiliser ses équipes opérationnelles, de les démotiver. Il tentera de proposer des solutions alternatives telles qu'étendre la mission de l'expert comptable, ou envoyer son chef comptable en formation, ou encore recruter un contrôleur de gestion.

4. QUEL PROFIL POUR LE DIRECTEUR FINANCIER IDÉAL DANS UN BUILD-UP ?

Cette notion de directeur financier idéal s'est imposée à nous suite à la demande de fonds d'investissements. Des dizaines de fois depuis 10 ans, le sujet est revenu dans les discussions. *« Que se passera-t-il après votre mission de transition ? » ; « Il nous faut le Directeur Financier Idéal ! » ; « Pouvez-vous nous aider à définir son profil ? » « Pouvez-vous nous aider à trouver le mouton à 5 pattes ? ».*

La question a parfois pris d'autres formes : « Pouvez-vous nous aider à expliquer à nos actionnaires que le Directeur Financier Idéal n'existe pas ? Ou que s'il existait, il ne voudrait pas venir travailler chez nous… ».

Je me souviens notamment d'un dirigeant d'une entreprise de biotechnologies basée à Orthez qui avait levé 4 M€ auprès d'un fonds d'investissement très connu. En contrepartie des fonds levés, le Président s'était engagé à recruter dans les 6 mois un directeur financier de « haut niveau ». Les parties avaient oublié de définir dans le pacte d'actionnaires ce qu'elles entendaient par « haut niveau ».

S'agissait-il :

- de sa taille ? > 1,85 m ? > 1,90 m ?
- de son niveau d'études ? HEC, ESSEC, ESCP ?
- de son CV ? 2 pages et plus ?
- de son expérience ? 50 ans et plus ?
- de son salaire ? >100 K€ ? ou > 150 K€ ?

Le dirigeant se désolait : *« Nous avons confié la mission à un chasseur de têtes. Ce n'est pas qu'il a fait un mauvais travail. Le problème, c'est qu'aucun direc-*

teur financier de haut niveau n'a envie de venir travailler à Orthez ou plutôt, aucune épouse de directeur financier de haut niveau n'a envie de venir s'installer et vivre à Orthez...».

Aujourd'hui, la question se poserait différemment. Avec la pratique, les pactes d'actionnaires sont heureusement plus précis. Ils décrivent de manière détaillée les attentes des fonds d'investissement en termes de « délivrables » (ce que le directeur financier aura à produire ou à mettre en place) : comptabilité (IFRS ou non), consolidation, reporting mensuel, budgets, prévisions de trésorerie, gestion des covenants bancaires, systèmes d'information, etc.

En fonction de la nature des documents ou des analyses à produire, de la taille de l'entreprise et de son secteur d'activité, on peut en déduire le profil type du directeur financier. Mais la question demeure : le directeur financier idéal existe-t-il ? Et si oui, avons-nous le budget pour le payer ? Saurons-nous lui donner les moyens de son action ? Avons-nous les moyens et la volonté de l'intéresser intellectuellement et financièrement ? Ne va-t-il pas s'ennuyer chez nous après quelques mois ?

Il est arrivé tellement souvent que des entreprises investissent (un peu sous la pression de leurs actionnaires, il faut bien le reconnaître) dans le recrutement d'un DAF de « haut niveau », notamment pour faire du *build-up* et que quelques mois après son arrivée, il s'en aille... La M & A (Merger and acquisition) n'est pas une science exacte. Les dossiers de croissance externe ne se présentent pas forcément au rythme et au prix que l'on avait prévu. Le DAF « de haut niveau » est déçu ou il s'ennuie. En attendant, on lui demande de gérer le quotidien. « *De mettre les mains dans le cambouis* », comme on dit. Ce n'est pas la tasse de thé du directeur financier de « haut niveau ». Il sait le faire, il l'a peut être déjà fait dans les entreprises où il travaillait auparavant mais il a l'impression de revenir 5 ou 10 ans en arrière en termes de carrière. Il fait 6 mois. Cherche du travail ailleurs. Et s'en va. On repart à zéro. On a perdu entre 6 et 12 mois, le temps d'en retrouver un autre et de l'intégrer. Sans aucune garantie qu'avec le suivant ce sera mieux...

5. TROUVER LE BON ÉQUILIBRE...

Les entreprises procèdent toutes de la même manière : surinvestir dans le pilote (le DAF). Il est vrai que cela flatte les actionnaires, rassure les banquiers, conforte le management dans sa stratégie (au moins au début). Alors qu'il s'agit plutôt de renforcer la direction financière en tant qu'équipe ou département. Renforcer la direction financière consiste à créer la bonne alchimie des compétences et des comportements.

Une direction financière, c'est au minimum 3 techniques ou 3 métiers à maîtriser :

- *Comptabilité* : on agrège des données, on gère des détails (des transactions ou des écritures élémentaires) pour arriver à des soldes de gestion.
- *Contrôle de gestion* : on part des soldes de gestion et on décortique ce qui n'est pas conforme aux attentes ou aux prévisions. On cherche des explications aux variances.

– *Trésorerie* : on modélise, on anticipe, on analyse, on place ou on finance des flux (en grandes masses, le plus souvent).

Chacune de ces techniques fait appel à une forme d'intelligence différente.

Depuis 10 ans, j'ai rencontré en entretien individuel plus de 4 000 directeurs financiers, VP Finance, DG Finance, contrôleurs financiers, etc., côtoyé sur les missions plus de 500 directeurs financiers et encadré sur le terrain plus de 80 managers de transition spécialisés en finance. Je n'ai jamais rencontré un directeur financier maîtrisant parfaitement les 3 techniques. Pourquoi ?

Chacun a son parcours, son background, son histoire. Chacun a démarré sa carrière ou son métier par une technique (celle qui correspond à sa formation initiale). Le plus souvent par la comptabilité ou l'audit ; souvent également par le contrôle de gestion. Ensuite, les personnes acquièrent au fil des années d'expérience (par la pratique) une seconde technique. Pour certains, c'est la trésorerie, pour d'autres le contrôle de gestion. Les directeurs financiers délaissent en général une des trois techniques. Soit par ce qu'ils ne la connaissent pas, soit par goût : elle ne correspond pas à leur forme d'intelligence. Renforcer la direction financière, c'est prendre conscience des potentiels et des limites de chacun et s'assurer qu'il n'y a ni doublons ni « trous dans la raquette ». Il s'agit de vérifier que pour les trois techniques de base (comptabilité, contrôle de gestion et trésorerie), l'allocation des ressources et des compétences est équilibrée. Car lorsque la comptabilité, le contrôle de gestion et la trésorerie sortent des chiffres cohérents entre eux et renvoient au management et aux actionnaires la même image de la situation financière, cela signifie a priori que les chiffres produits sont fiables et exploitables. A contrario, comment croire la direction financière quand le contrôle de gestion dit une chose et que la trésorerie dit le contraire ?

Même si le directeur financier idéal existait, cela poserait en pratique deux autres problèmes :

– Avons-nous les moyens de le payer ? N'est-il pas trop cher pour nous ?
– S'il est si idéal qu'on veut bien le dire, ne voudra-t-il pas légitimement prendre la place du directeur général dans quelque temps ?

Plutôt que de parler de directeur financier idéal, citons plutôt quelques modèles ou traits de caractère de personnalités reconnues par leurs pairs.

Il y a quelques années, lors de la remise du trophée du directeur financier de l'année, j'avais été impressionné par le discours de remerciement du lauréat. Il avait passé de longues minutes à féliciter et à valoriser son équipe. Cela sonnait juste et vrai. Le DAF n'est rien sans son équipe. C'est une évidence. Encore faut-il le rappeler.

Plus récemment, un directeur financier de LBO a été distingué pour avoir notamment su mettre en place la culture cash dans un environnement proche de celui de la SNCF. Interrogé sur ses méthodes de management et sur la place de l'intégrité dans son métier, il avait magnifié le terrain. Il avait dit quelque chose du genre : *« On peut avoir les meilleurs outils du monde, les meilleurs tableaux de bord sur le BFR, c'est sur le terrain, au contact avec les opérationnels, que tout se passe. À écouter, à faire de la pédagogie et à agir avec eux. C'est sur le terrain avec les opérationnels qu'il faut être vrai et intègre si l'on souhaite faire avancer les choses. Et concrètement, elles avancent…* ». Ce directeur financier a depuis mal tourné. Il est devenu directeur général de son groupe.

Dernier exemple, le directeur financier d'une société du CAC 40 m'a dit un jour au détour d'une conversation à propos du directeur financier d'une filiale, un peu récalcitrant : « *Aujourd'hui, dans les sociétés cotées, il n'y a plus de place pour les directeurs financiers qui veulent embrouiller les commissaires aux comptes. On travaille main dans la main avec les CAC ou on s'en va* ». Cela avait le mérite d'être clair.

Nous sommes les témoins permanents de situations dégradées. Pour nous, ce sont les faits qui comptent. Le directeur financier – idéal ou pas – se définit par le résultat de son travail, c'est-à-dire ce qu'il produit au quotidien (est ce fiable ou pas ?), ce qu'il commente et fait circuler dans l'entreprise (au minimum au niveau du comité de direction). Pour nous, le minimum à produire par le directeur financier se résume à 3 choses :

- une balance âgée qui reflète la situation réelle des comptes clients et des risques associés,
- une analyse des marges par produits et par clients,
- une prévision de trésorerie à 12 mois (raccrochée à la comptabilité générale).

Et parce que c'est la crise et que les financements sont plus chers et plus aléatoires, il nous paraît essentiel que le directeur financier idéal soit capable de sortir régulièrement :

- Une analyse précise du point mort (séparant les charges fixes des charges variables) et ce qui en découle, c'est-à-dire des calculs d'amortissement des frais fixes et de la sous-activité. Ces notions, pourtant apprises autrefois à l'école, sont méconnues. Dans beaucoup d'entreprises, on ne sait plus les calculer.
- Une mise à jour du business plan : un business plan, c'est bien autre chose qu'une feuille de calcul. De même, le business plan ne doit pas être confondu avec les « management objectives » (ce que l'on doit ou souhaite atteindre pour obtenir son bonus). Cela n'a même bien souvent rien à voir. Il y a toujours une différence entre les rêves du management et la réalité des chiffres. Un business plan doit être sous-tendu par une description détaillée des hypothèses et par des calculs que l'on peut vérifier. Mettre à jour le business plan ou élaborer différents scenarios va bien au-delà d'une mise à jour de la feuille de calcul en faisant + 20 % ou + 30 % sur le chiffre d'affaires (ce qui dans bien des cas ne veut rien dire). Mettre à jour le business plan, c'est pour chaque hypothèse se poser la question : que se passera-t-il si cette hypothèse du business plan ne se réalise pas ?

Enfin, un mot sur le style de management du directeur financier idéal. Nous avons un tiers de femmes dans l'équipe. Elles excellent notamment dans trois domaines :

- proximité du terrain et des équipes,

– pédagogie des chiffres et de leurs enjeux,
– intégrité des données et des comportements.

5.1 Le directeur financier idéal serait-il une femme ?

C'est une voie à explorer…

CHAPITRE 9

QUAND LES CHOSES DÉRAPENT… SAVOIR RÉAGIR ET SURTOUT TRANCHER !

Sommaire

Quel que soit le montant investi dans la phase des due diligences, quelle que soit la qualité du plan à 100 jours et du processus de gouvernance mis en place sur le terrain pour réussir l'intégration, il y a toujours des impondérables. Des choses que l'on ne pouvait prévoir. Parfois, ces choses qui se révèlent après l'acquisition ont un rapport avec l'intégrité des dirigeants de l'entreprise que l'on a rachetée. Nous croyions les connaître. Nous avions fait réaliser des audits par des cabinets réputés. Nous les avons côtoyés pendant quelques semaines sur le terrain à l'occasion de la mise en place des plans d'actions. Nous leur avons fait confiance. Et pourtant…

Nous citons ci-dessous à titre d'exemples 4 cas rencontrés dans la pratique. Ces cas sont tirés de notre imagination. Toute ressemblance ou similitude avec des cas réels ou concrets serait fortuite et non avenue.

1. ÉTUDES DE 4 CAS PRATIQUES

1.1 Cas pratique numéro 1

Madame Le Gohézic, chef comptable, ne prend jamais de vacances. Cette année, elle marie sa fille en juillet. Elle a tout organisé pour son absence. Tout est prévu. On peut la joindre sur son portable s'il y a un problème. Elle n'est pas loin. Elle est en Bretagne. Et puis, c'est promis, elle appellera tous les jours son assistante, Mlle Sanchez.

En son absence, le PDG, Monsieur Carré, a besoin d'établir un chèque urgent. Il demande à Mlle Sanchez d'aller chercher le chéquier à la comptabilité. Personne ne le trouve. Monsieur Carré s'impatiente. Tout le monde s'énerve à la comptabilité. Madame Le Gohézic est sur répondeur. On appelle la banque. Le responsable chargé du compte est en vacances lui aussi. Monsieur Carré décide de forcer l'armoire de la comptabilité. Rien. Il force également le tiroir du bureau de Madame Le Gohézic. Un papier l'intrigue. La société est relancée par les impôts. Il s'agit de la TVA. Comme il ne comprend pas très bien et que Madame Le Gohézic n'est toujours pas joignable, il décide d'appeler le centre des impôts. On lui annonce que depuis 3 mois la TVA n'est pas payée. Il ne comprend pas du tout car tous les mois il signe les virements. Il demande à Mlle Sanchez de ressortir la copie des virements des 3 derniers mois. Effectivement, il a bien signé. Mlle Sanchez vérifie sur les relevés de banque. Les virements ont bien été débités. La banque faxe les avis de virement reçus par transmission électronique. Il y en a pour 85 743 euros. Après vérification des numéros de comptes, c'est le compte en banque de Madame Le Gohézic qui a été crédité et non celui du centre des impôts. Monsieur Carré est fou de rage. Il appelle une nouvelle fois la chef comptable. Elle décroche. Il lui demande des explications. Le ton monte. Il la menace de porter plainte. Elle lui demande de se calmer, sinon elle dira tout. « *Tout quoi ?* », demande Monsieur Carré. « *Vos notes de frais que vous vous faites rembourser deux fois, une fois au siège et une fois sur les filiales…* », lui répond-elle. Monsieur Carré raccroche. Il est perplexe et dépité…

Quelques bonnes pratiques tirées du cas numéro 1

Le cas numéro 1 met en évidence plusieurs problèmes de contrôle interne :

1. La séparation des tâches dans les petites structures : il est toujours préférable que ce ne soit pas la même personne qui comptabilise les factures et qui procède au paiement. De même, est-ce normal que ce soit la comptable et non le chef d'entreprise qui regarde le courrier en premier ?
2. L'exemplarité des managers : peut-on faire confiance à un manager qui triche sur ses notes de frais ? Pourquoi rembourse-t-on des frais dans une structure à partir de la copie des justificatifs et non des originaux ? Ne dit-on pas (proverbe africain) que le poisson pourrit par la tête ?
3. Le contrôle sur les moyens de paiement : plus de la moitié des fraudes dans les entreprises concernent les moyens de paiement. Il est bien que ceux-ci soient sous clé à la comptabilité mais encore faut-il qu'on sache les trouver quand la personne responsable est absente ou en congé…
4. L'organisation pendant les périodes de congés : beaucoup de fraudes sont constatées à l'occasion des congés ou à l'occasion de changements de postes. Une personne qui ne prend jamais de congés, c'est suspect.

1.2 Cas pratique numéro 2

La société Metal Industries, équipementier automobile, a racheté récemment 80 % du capital de l'un de ses sous-traitants en Vendée, la société Montaigu Acier Alu (MAA), spécialisée dans la fabrication et la soudure de pièces pour l'industrie automobile. L'ancien propriétaire et dirigeant de MAA, Monsieur Filou, a conservé 20 % du capital et ses fonctions opérationnelles dans l'entreprise. Le processus industriel est assez classique. L'acier arrive par plaques. La presse découpe les pièces. Les déchets repartent dans des containers vendus à la tonne à un ferrailleur industriel, Epizodic Transformation. Le prix de vente des déchets varie entre 1 600 euros et 1 800 euros HT la tonne.

La société Metal Industries a profité du redémarrage du marché pour se structurer et a embauché un jeune acheteur spécialisé, Monsieur Candide. Il vient de l'industrie automobile. Il ne comprend pas pourquoi les déchets sont vendus en moyenne 1 700 euros HT la tonne alors que dans son ancienne société, il les revendait 2 000 à 2 200 euros HT la tonne. Compte tenu du fait que la société MAA revend en moyenne entre 800 et 1 000 tonnes de déchets par an, il calcule que cela fait un manque à gagner pour l'entreprise de plus de 350 000 euros HT par an. « *C'est une excellente nouvelle !* », se dit Monsieur Candide. « *Je paye mon salaire en quelques semaines. C'est un très bon présage à quelques jours de la fin de ma période d'essai* ». Il passe quelques appels à ses anciens collègues et obtient la confirmation du prix de 2 000 à 2 200 euros HT la tonne. Il en parle à son patron, le PDG de Métal Industries, Monsieur Filou. Celui-ci est bien embarrassé et lui demande de travailler sur d'autres sujets. Il signifie quelques jours plus tard à Monsieur Candide la fin de sa période d'essai.

Quelques bonnes pratiques tirées du cas numéro 2

Ce cas rejoint le précédent.

1. L'apport de sang neuf ou d'un regard neuf dans une entité permet toujours de remettre en cause certains processus voire de détecter des anomalies. Détecter des anomalies, c'est bien ! Soutenir ceux qui les détectent et y mettre un terme, c'est mieux.
2. Pourquoi devrait-on absolument conserver les anciens managers après le rachat d'une entité ?
3. Le groupe Metal Industries qui a racheté l'entreprise connaît-il si bien que cela le secteur ? N'aurait-il pas pu lui-même effectuer ce constat à la place du jeune acheteur ?
4. Le groupe Metal Industries aura-t-il intérêt à déclencher les hostilités avec Monsieur Filou, par ailleurs encore actionnaire à 20 %, pour un manque à gagner récurrent de 350 000 euros HT ?
5. Laisser filer sur les achats de déchets, n'est-ce pas prendre le risque d'autres fraudes ailleurs ?

1.3 Cas pratique numéro 3

Le Groupe international Transparence Inc., leader mondial dans la fourniture de matériel médical pour radiologues, a licencié le management de sa filiale française, rachetée récemment, pour faute grave. Il est reproché au président et au directeur financier d'avoir manipulé les chiffres et transmis au groupe un reporting frauduleux. Compte tenu des procédures internes du groupe, côté au NYSE, et compte tenu de ce que les deux personnes ont intenté une action devant les prud'hommes, le groupe a porté plainte au pénal.

Extrait du procès verbal de police de Monsieur B. d'OZER, ex président de Transparence SA, la filiale française :

« J'ai fait confiance à mon CFO, Monsieur D. Passé. J'ai eu tort. Il est dans l'entreprise depuis 7 ans. Nous n'avons jamais eu de problèmes. Je n'arrive pas à expliquer ce qui s'est passé… »

Extrait du procès verbal de police de Monsieur D. PASSÉ, ex directeur financier de Transparence SA, la filiale française :

« Début décembre, nous avons sorti les chiffres de novembre. Ils étaient mauvais. Sur la base de mes prévisions, il manquait 250 000 euros de résultat pour atteindre l'objectif prévu dans le budget. Si ce seuil était atteint, cela déclenchait le paiement de l'intéressement (équivalent d'un mois et demi de salaire) pour tous les cadres et les techniciens de l'entreprise, soit environ 150 personnes. Monsieur d'OZER a organisé une réunion avec tout le comité de direction. Il a demandé à chacun de réagir sur le "comment faire". Le directeur commercial a proposé de réduire les taux de provisions pour retour et de garantie. La majorité du CODIR était de son avis. Je me suis opposé en disant que les auditeurs d'Ernest & Lejeune nous retoqueraient. Monsieur d'OZER est parti dans une colère noire. Il m'a accusé publiquement de sabotage. Le directeur commercial m'a traité de « poule mouillée ». Le DRH m'a dit que j'avais vieilli, qu'il ne reconnaissait plus le « *winner* » qu'il avait connu autrefois. Ensuite, Monsieur d'OZER a clos la réunion par un sentencieux : « *Chacun doit prendre ses responsabilités* ». J'ai pris peur. Je lui ai demandé de préciser sa pensée. Il a ajouté d'un ton méchant : « *Je me comprends* ».

J'ai voulu leur montrer ce dont j'étais capable, que je n'étais pas fini. Je regrette. J'ai fait une grosse erreur. »

Extrait du procès verbal de police de Monsieur P. VANTARI, responsable de la logistique et du magasin de Transparence SA, la filiale française :

« La veille du 31 décembre, Monsieur PASSÉ est venu nous voir au magasin comme chaque année avec 3 cartons de champagne. Cette année, il nous a donné en plus une enveloppe contenant 500 euros en liquide. Il nous a demandé de déplacer des matériels dans la zone d'expédition. Avec les gars, nous avons l'habitude. Cette année, il nous a demandé de déplacer 40 palettes. Habituellement, c'est plutôt 10 ou 15. Il n'y avait plus de place dans la zone d'expédition. Il nous a demandé de repeindre la ligne au sol de la zone d'expédition. Nous avons envoyé l'intérimaire acheter de la peinture chez Bricorama. Il nous a redonné un billet de 50 euros de sa poche. »

Quelques bonnes pratiques tirées du cas numéro 3

1. Les problèmes de « cut off » sont fréquents dans les entreprises. Ils ne sont pas toujours détectés par les auditeurs externes. Surtout si ceux-ci ne se déplacent pas pour les inventaires physiques.
2. Ce cas pose le problème de l'absence de due diligences de la part du groupe Transparence Inc. sur la qualité de l'équipe de management de sa filiale et sur la capacité des personnes qui composent cette équipe à travailler ensemble dans la durée. Il leur a fait confiance. Il aurait pu insister pour mettre un homme à lui ou un homme neuf dans le dispositif. Il ne l'a pas fait.
3. La réaction du groupe est étonnante. Il licencie et remplace le président et le directeur financier mais semble ne rien faire concernant le responsable de la logistique et du magasin ni le DRH.
4. Les cas de fraudes liés à des collusions entre personnes appartenant à des services différents sont les plus difficiles à détecter. Le groupe aurait pu profiter de son acquisition pour promouvoir un des membres de la filiale au siège ou dans une autre filiale du groupe et placer un homme à lui dans le dispositif. Faire confiance ne dispense pas de contrôler.

1.4 Cas pratique numéro 4

Pénalisé par la baisse de la demande des crédits immobiliers et par la baisse des taux, le spécialiste européen du courtage en ligne Taux-doux.com (14 M€ de pertes au cours du 1er semestre) vient d'être racheté. Les nouveaux actionnaires majoritaires ont exigé un plan de réduction de coûts visant à rétablir la profitabilité et à rassurer l'ensemble de l'actionnariat ainsi que les banquiers. Le plan de réorganisation vise à réduire les coûts fixes. Il prévoit d'importantes réductions d'effectifs et la fermeture de 18 agences sur 51 (notamment en Belgique, en Suisse et en Espagne). C'est un véritable changement de stratégie. L'équipe dirigeante travaille sur la présentation de ce plan depuis 2 mois. La réunion avec les analystes et les journalistes spécialisés se passe plutôt bien jusqu'au moment où l'un des analystes se tourne vers le directeur financier, Monsieur Rileux. Il lui demande : « *Vous avez rejoint l'entreprise il y a 5 mois seulement. Quelle garantie nous donnez-vous que les chiffres présentés sont justes et surtout réalistes ? Et vous-même, croyez-vous que ce retournement soit possible ? À une telle vitesse ?* ».

François Rileux est bloqué, tétanisé par la question. Son patron, le nouveau directeur général, lui donne un coup de coude. « Allez, vas-y François ! » François Rileux hésite. Il y a un grand silence dans la salle. Son patron insiste : « Il faut comprendre. La direction financière a été pas mal sous pression ces derniers temps… ». François se lance : « Ce n'est pas une question de pression. Pour être tout à fait honnête, je n'y crois pas. Et puis, je ne serai plus là de toute façon. Je suis viré… ». C'est la consternation dans la salle. Le directeur général tente de calmer tout le monde. Le mal est fait…

Quelques heures plus tard, au siège de l'entreprise… Explication « musclée » avec le DRH du groupe, Monsieur Le Fourbe : « Pourquoi as-tu fait cela, François ? »

Monsieur Rileux : « Vous êtes venus me chercher à la Caisse Centrale de l'Immobilier, vous m'avez promis monts et merveilles. Au départ, je devais être DAF Groupe. Deux jours après mon arrivée, la société française était en cessation des paiements et je ne me suis occupé que de cela… Vous m'aviez promis des perspectives à l'international. En fait, j'ai participé en 5 mois à 3 conférences téléphoniques en anglais ».

« Tu as été payé ! C'est la vie de l'entreprise ! Chacun doit faire des efforts », répond Monsieur Le Fourbe.

Monsieur Rileux : « Et ma voiture de fonction ? Et mes *stock options* ? J'ai eu 3 départs dans mon équipe depuis 2 mois. Aucun n'a été remplacé. Même pas par des intérimaires. Je passe mes nuits à faire la conso. Il y a 15 jours, vous m'avez annoncé que vous ne pourriez me garder à la fin de ma période d'essai à cause du plan social et qu'il fallait que je me renseigne pour continuer en portage pendant quelques mois ou que je prenne le statut d'auto-entrepreneur. Que cela ne changerait rien pour moi… Vous vous êtes foutus de moi ! »

Quelles bonnes pratiques tirées du cas numéro 4

1. Les phases d'intégration post-acquisition sont souvent très intenses en termes de charge de travail. Il y a beaucoup de stress pour tout le monde. Le rôle du management est de vérifier que personne ne manque de rien pour accomplir sa tâche, que tout le monde reste motivé, que chacun ait un peu de visibilité pour son équipe et pour lui-même.
2. En l'occurrence, ce travail n'a pas été fait et le moins que l'on puisse dire, c'est que dans cette équipe de management il n'y avait pas de dialogue, ni même de respect. Il n'est donc pas étonnant qu'à la première occasion

l'un des membres de l'équipe, sous pression, se soit désolidarisé de l'ensemble.

3. On ne bâtit pas un projet d'entreprise sur des promesses non tenues. Ni aux cadres ni aux employés.
4. On ne rencontre pas des analystes financiers dans une réunion aussi importante sans un minimum de préparation. Une répétition générale de la réunion aurait mis ce malaise en évidence. Le problème aurait pu être anticipé et traité en privé.

2. SYNTHÈSE GÉNÉRALE

C'est en vivant avec les gens, en partageant leur vécu sur le terrain, parfois dans l'adversité, qu'on apprend à mieux connaître les managers de l'entreprise rachetée. Placer un homme à soi, intègre, dans le dispositif constitue souvent une bonne pratique. De même, se rendre sur place et entretenir le dialogue sur tous les sujets. L'intégration ne réussira que si les personnes qui la conduisent y ont intérêt et sont motivées. L'intégration ne réussira que si l'on partage les mêmes valeurs et les mêmes standards de déontologie et d'intégrité. Si le directeur général et le directeur financier, censés être les garants de cette intégrité, ne sont pas intègres, mieux vaut tout arrêter ou vite les remplacer.

CHAPITRE 10

CÔTÉ VENDEUR : PRÉPARER LA CESSION DE SON ENTREPRISE EN 100 JOURS, C'EST POSSIBLE ?

LES SCENARIOS CATASTROPHE À ÉVITER !

Sommaire

1. CONSTATS TIRÉS DE L'EXPÉRIENCE DU TERRAIN : L'INDISPENSABLE PRÉPARATION « STRATÉGIQUE »

La crise économique et financière a provoqué un attentisme et un ralentissement du processus des transactions. Les financements sont plus difficiles à trouver. Cela prend plus de temps. Les acheteurs sont plus regardants sur les prix et la qualité des actifs achetés. Pour les vendeurs, ce surcroît de temps est une opportunité (pour autant qu'ils ne soient pris à la gorge) de nourrir leur réflexion stratégique sur le prix, la garantie de passif et la qualité de l'acquéreur.

1.1 Le prix

Crise ou pas crise, le marché donne le prix (références à la bourse) mais c'est la transaction qui fait le prix. Avec le ralentissement du nombre des transactions, les vendeurs ont de plus en plus de mal à trouver des valeurs de référence. Préparer la cession d'une entreprise, c'est se mettre en veille sur son secteur afin de comprendre qui sont les acheteurs potentiels (industriels ou financiers ?), pourquoi ils achètent et quels prix ils sont prêts à payer.

1.2 La garantie de passif

L'acquéreur demande de plus en plus souvent que le vendeur s'engage en cas de sous-évaluation des passifs ou de surévaluation des actifs. Le vendeur doit donc anticiper. Préfèrera-t-il accorder une garantie de passif ou accepter une réduction de prix immédiate ? Parfois, plutôt que de remettre de l'argent, certains groupes, faute d'autres possibilités, accorderont une garantie de passif et céderont pour 1 €. Comment garantir certains risques (amiante, contentieux social, etc.) ? De plus, il n'est pas rare que le vendeur doive anticiper le sort de la garantie de passif et de l'opération en général en cas de procédure collective de la cible ou du garant. Enfin, le vendeur doit anticiper le type de garantie qu'il est prêt à donner : garantie à première demande ? Séquestre ? Assurance ? Fiducie ? Pour tous ces sujets, la consultation, très en amont, d'un avocat spécialisé est indispensable.

1.3 La qualité de l'acquéreur

Se débarrasser d'un actif, c'est bien. Mais encore faut-il que cet actif soit viable. Que le repreneur ne fasse pas n'importe quoi. Il y a souvent un risque pour le vendeur de voir sa responsabilité engagée s'il n'a pas fait un minimum de diligences sur la qualité de l'acquéreur. Les vendeurs n'aiment pas voir leur nom dans le journal 6 mois après la cession… Donc, les vendeurs préfèreront parfois un acquéreur avec des garanties solides en termes de pérennité et de développement de l'entreprise plutôt que celui qui propose le meilleur prix. Afin de rechercher des conditions acceptables pour la société qu'il cède et pour son management, le vendeur doit donc également préparer très en amont la liste de critères qu'il retiendra pour sélectionner le ou les acquéreurs potentiels :

- expérience du secteur,
- surface financière, capacité à trouver rapidement des financements,
- réputation,
- expérience des acquisitions,
- transparence et dialogue,
- autonomie des dirigeants,
- avenir personnel des dirigeants,
- développement stratégique, synergies potentielles,
- etc.

Ces critères de choix seront encore plus importants si l'acquéreur n'achète qu'une partie de l'entreprise et demande au vendeur de rester au capital ou d'accompagner la cession pendant quelques mois ou quelques années.

2. CONSTATS TIRÉS DE L'EXPÉRIENCE DU TERRAIN : L'INDISPENSABLE PRÉPARATION « TACTIQUE »

Mettre son entreprise « sur le marché » nécessite d'être prêt. Prêt à recevoir des acquéreurs potentiels et à répondre à leurs questions. Le ralentissement des processus de transaction donne du temps pour « mettre de l'ordre dans la maison » et se préparer. Il s'agit de rendre l'entreprise lisible. Les questions que les acquéreurs poseront sont assez prédictibles. Le vendeur a tout intérêt à se les poser lui-même et à y apporter des réponses :

1. Quelle est la cohérence du portefeuille d'activités ? Certaines activités non rentables ne doivent-elles pas être arrêtées, cédées ? Ne doit-on pas vendre en plusieurs blocs ?
2. Les organigrammes, les circuits de décision sont-ils lisibles ? Cohérents ? Logiques ? Même question pour les flux physiques de marchandises et pour les flux financiers. Ne peut-on pas les simplifier ?
3. Qui fait quoi dans l'entreprise ? Y a-t-il des fiches de postes ?
4. Où sont les cash-flows récurrents ? Où sont les marges ?
5. Quelles sont les perspectives ? Pourquoi serait-on meilleur demain qu'aujourd'hui ? Quelles décisions ont déjà été prises impactant le futur ? Sont-elles irréversibles ? Quels sont les nouveaux leviers de croissance ? Quels investissements nécessitent-ils ?

3. LA SOLUTION : LES VDD PERMANENTES ?

Que l'on recoure à un cabinet externe ou que l'on fasse appel à l'interne, la question que le vendeur doit impérativement se poser est la suivante : l'entreprise que je veux céder est-elle auditable ? Supporte-t-elle les due diligences ? Si la réponse est non, mieux vaut ne pas aller sur le marché car les acquéreurs soit s'enfuiront soit demanderont des compensations significatives sur le prix dans les phases de négociation. Les acquéreurs n'ont pas de temps à perdre. Ils préfèreront ne pas faire le deal et examiner d'autres cibles.

Se préparer consiste au minimum à lancer en interne les 4 chantiers suivants :

1. Regroupement et mise à jour de la documentation juridique (statuts, PV de conseils, marques, contrats de travail, principaux contrats, derniers bilans, etc.).
2. Accélération de la production comptable et fiabilisation de celle-ci, notamment pour les arrêtés intermédiaires.
3. Production d'analyses de rentabilité par produits et par clients.
4. Documentation des processus, rédaction des procédures et mise à jour de celles-ci.

Objectif : être prêt pour toutes les configurations de sprint, course de fond ou marathon ! Céder une entreprise n'est pas une science exacte. Certains délais sont incompressibles ; notamment ceux pour obtenir des financements…

Ces 4 chantiers nécessitent du temps, de l'organisation. On ne peut tout déléguer à l'extérieur. Une grosse partie des tâches va incomber à l'interne. Seul l'interne a la mémoire du classement, des historiques de chiffres, du fonctionnement et des processus de l'entreprise (le plus souvent non écrits dans les PME/PMI), etc.

Attention toutefois à ne pas trop peser sur l'interne qui doit conserver du temps pour se consacrer au « *business as usual* ». Engager toutes les forces vives de l'entreprise dans la préparation de la cession, c'est prendre un grand risque sur les opérations courantes : pertes de clients, tendances mal anticipées, perte de contrôle de la trésorerie, départs de personnels clés non remplacés, etc.

De plus, ce travail nécessite de la discrétion. Mieux vaut n'impliquer qu'un très petit nombre de personnes. Des personnes fiables.

4. SOIGNER SES CONTACTS POUR ÊTRE PRÊT À SE POSITIONNER

Préparer la cession de son entreprise nécessite de s'ouvrir vers l'extérieur. La charge de travail interne est importante. La tentation du repli sur soi est très forte. Trop de travail.

Soigner ses contacts c'est se rendre disponible pour sortir, être curieux et faire remonter les informations du marché :

- Que dit-on de nous à l'extérieur ?
- Que font nos principaux concurrents pendant ce temps ?

5. CRÉDIBILISER SON BUSINESS PLAN ET LE METTRE À JOUR PENDANT LE PROCESSUS

Les acquéreurs prépareront forcément le leur mais ils demanderont son business plan au vendeur. Encore faut-il avoir un business plan à jour ! Encore faut-il s'entendre sur le contenu du business plan ! Tout le monde n'en a pas la même définition…

Près de 40 % des entreprises n'ont pas de business plan à jour…

		Chiffre d'affaires HT			
		30 à 100 M€	100 à 300 M€	300 à 500 M€	
Core business (> 67 % du CA)	Filiale de Groupe	32 %	19 %	13 %	**21 %**
	PME PMI	46 %	42 %	26 %	**38 %**
Actifs non stratégiques (< 33 % du CA)	Filiale de Groupe	48 %	34 %	27 %	**36 %**
	PME PMI	59 %	51 %	39 %	**50 %**
		46 %	37 %	26 %	**36 %**

Source : Étude Objectif CASH menée auprès de plus de 500 directeurs généraux et directeurs financiers entre le 31 octobre 2011 et le 15 janvier 2012 – % des personnes ayant répondu non à la question : « Avez-vous un business plan à jour ? »

Les principales raisons le plus souvent évoquées par les directeurs généraux ou les directeurs financiers pour expliquer cette absence de mise à jour des business plans :

- Pas de temps (autres priorités…).
- Manque de pertinence du business plan en période de crise (forte volatilité du business, etc.).
- Pas de demande en ce sens de la part des actionnaires ou du siège.
- Cela n'aurait servi à rien car de toute façon le siège ou les actionnaires auraient changé nos chiffres.

Un business plan, c'est tout sauf une feuille de calcul avec des formules dans tous les coins…

Un business plan, c'est différent des « management objectives ». Les objectifs du management sont souvent fixés dans des contextes politiques : exercice budgétaire, calcul de primes ou d'avantages, seuils de déclenchement pour l'obtention de « stock options », etc. Il arrive que les managers aient des objectifs à court terme en concurrence avec les intérêts de l'entreprise à moyen terme…

Crédibiliser son business plan, c'est au minimum se poser les questions suivantes :

- Macroéconomie, secteur d'activité, concurrence, international, réglementation : en quoi notre environnement nous est-il favorable ? Défavorable ? Indifférent ?
- À quel horizon nous projetons nous ? 3 ans ? 5 ans ? Et selon quelle maille ? Au trimestre ? Au mois ?
- Les hypothèses qui sous-tendent les feuilles de calculs : en quoi sont-elles réalistes ? Notamment sur la première ligne du business plan : la ligne chiffre d'affaires, la plus importante. Nous affirmons que nous allons faire 10 % de croissance chaque année. Sur quels clients ? Sur quels produits ? Dans quels pays ? Avec combien de commerciaux en plus ? Où allons-nous les trouver ? Combien de temps nous faudra-t-il pour les former ?

Soigner ses hypothèses est toujours un investissement très rentable. La croissance ne se décrète pas… à la louche.

- Quid de la trésorerie ? Comment va-t-on financer le BFR ? Les investissements ? De quelle flexibilité disposons-nous en trésorerie si nos projets sont différés dans le temps ? Inertie du business ? Réaction des concurrents ? Temps de développement des produits plus longs ? etc.

Enfin, et c'est souvent là que le bât blesse : qui va incarner le business plan ? Quelle équipe de management ? Les cas sont très fréquents dans la pratique de dirigeants très enthousiastes (c'est leur rôle !) sur les rythmes de croissance à venir. Souvent, cet enthousiasme n'est pas partagé par les autres membres de l'équipe de management. Pour mémoire, une étude menée il y a quelques années par Objectif CASH avait permis de déterminer que 35 % des directeurs financiers n'adhèrent pas au business plan de leur entreprise. Soit qu'ils n'ont pas participé à son élaboration, soit qu'ils n'y croient pas. Peut-être ont-ils de bonnes raisons ? Quel impact cela aura-t-il sur la cession si, pendant le processus de transaction (management presentations, due diligences), le directeur financier ou d'autres cadres se désolidarisent du business plan ? Mieux vaut l'anticiper et bien choisir les femmes et les hommes pour incarner ce business plan.

6. L'APPORT DES CONSEILS EXTERNES

6.1 Les freins pour ne pas y recourir

Ce sont principalement les suivants :

- « Ils coûtent trop cher ».
- « Nous savons faire en interne ».
- « Nous connaissons déjà nos acheteurs. Nous déjeunons avec eux toutes les semaines ! ».

6.2 Les raisons pour y recourir

Les conseils externes voient beaucoup de dossiers.

Ils apportent une méthodologie :

- dans la phase VDD,
- pour soigner les contacts avec des personnes que l'entreprise connaît déjà et surtout au-delà (ils ont des bases de données pour cela),
- pour challenger les business plans, les prévisions de trésorerie et les capex,
- pour objectiver le processus et ne pas arriver à des valorisations absurdes.

Les conseils externes sont tenus par des obligations de confidentialité très strictes.

Ils savent mettre les candidats acquéreurs « dans la seringue », organiser et faire jouer la concurrence au meilleur profit du vendeur (leur rémunération en dépend). Ils vérifient le sérieux des acquéreurs (notamment leur capacité de financement) et sont capables de faire respecter les délais, voire d'accélérer le processus quand c'est nécessaire.

Enfin, ils sont très utiles dans la phase de négociation du prix et de la garantie de passif.

7. QUELQUES SCENARIOS CATASTROPHES À ÉVITER !

Nous avons déjà évoqué le cas du directeur financier qui, face à un acquéreur ou à ses conseils, va paniquer et se désolidariser des chiffres ou du processus ayant conduit à les élaborer. Nous indiquons ci-dessous pour mémoire quelques variantes fréquemment rencontrées dans la pratique.

7.1 Le directeur financier qui tire sa révérence

Le processus de cession est bien avancé. Parmi la « *short list* », ce sont plutôt des industriels qui sont intéressés. Ils ont déjà leurs équipes de financiers. Le directeur financier de la société en vente craint pour son poste. Il trouve un autre travail ailleurs et démissionne. Cette situation jette un trouble. L'acquéreur s'interroge sur la qualité des chiffres qui lui ont été fournis. Il remet en question le dispositif.

7.2 Le directeur financier qui négocie ses conditions avec l'acquéreur dans le dos du vendeur

Les termes de l'échange sont clairs : « Je vous dis dans quels placards se trouvent les cadavres et vous me garantissez un poste dans votre organisation ou une grosse prime avant mon départ. ». Parfois, il négocie des deux côtés et fait monter les enchères. En général, cela se passe mal pour lui quelques mois plus tard…

7.3 Le directeur financier qui, volontairement ou pas, (par souci de transparence et d'intégrité ?) envoie un message très négatif sur l'entreprise

Face à des auditeurs qui le questionnent sur les chiffres ou leurs tendances, il déclare : « Vous savez, je n'ai pas eu mon mot à dire. Ces chiffres m'ont été donnés par le Président. On m'a interdit de les contrôler », ou encore : « Tous les tableaux de chiffres sur les marges ont été préparés par un consultant externe. Un fou des tableaux croisés dynamiques. Je ne sais pas comment ils fonctionnent. Il vaudrait mieux vous adresser à lui directement », ou enfin : « La trésorerie, je n'y comprends rien. Nous nous sommes fait aider par le siège ».

Face aux mêmes auditeurs à propos des tableaux de marges par produits ou par clients : « Tout ceci est de l'extracomptable car notre comptabilité analytique ne descend pas à ce niveau de détails », ou encore : « La comptabilité analytique, c'est bien simple. On n'en a pas ! ».

7.4 Le directeur financier qui, paralysé par l'enjeu ou par professionnalisme, passe son temps à se justifier ou à essayer de se faire bien voir des auditeurs du camp adverse

« Ce tableau de chiffres, je n'ai pas eu le temps de le vérifier. Nous avons eu beaucoup de travail ces temps-ci. La comptable est partie et n'a pas été remplacée. Dans ma précédente société, nous faisions différemment. À votre place, je vérifierais ». Il ajoute : « Si j'ai du temps ce week-end, je vous préparerai l'analyse que vous demandez. Vous verrez bien qu'il y a un écart. C'est toujours pareil dans cette société. On veut aller trop vite. On n'a pas le temps de travailler ». Il conclut : « C'est comme le dossier d'assurance pour la machine de l'usine qui a un défaut. J'ai du y passer mes week-ends. Sans compter tous les litiges avec les clients… ».

Un grand moment de solitude et de perplexité pour les auditeurs !

CHAPITRE 11

LA COMPLEXITÉ ACCRUE DES OPÉRATIONS DE CROISSANCE EXTERNE TRANSNATIONALES

SOMMAIRE

Acquérir une entreprise en France est une opération complexe. Réaliser ce type d'opération à l'étranger, loin de ses bases, accroît encore la complexité du fait d'une plus forte compétition à l'international que sur le marché local, de la barrière de la langue, de la méconnaissance de la culture locale, des usages et de la règlementation. Les entreprises dont la stratégie consiste à se développer dans d'autres pays doivent donc faire preuve de prudence et mettre en place un minimum de contrôles visant à maîtriser leurs ressources et leur cash.

Au cours des 10 dernières années, nous avons accompagné plus d'une centaine d'entreprises ou groupes d'entreprises dans leurs déploiements à l'international. Et cela dans plus de 20 pays. Nous énonçons ci-dessous 10 questions de bon sens à se poser avant se lancer dans des développements ou des acquisitions de ce type.

1. Do you speak English ?
2. Quels bénéfices recherchez-vous ?
3. Quelle stratégie « pays » adoptez-vous ?
4. Quels marchés visez-vous ?
5. Combien de temps vous donnez vous pour réussir ?
6. Qu'êtes-vous prêts à investir pour réussir ? Quel budget ?
7. Êtes vous prêts à envoyer vos meilleurs « joueurs » (commercial, marketing, production, finance, etc.) pendant 6 mois sur place ?
8. Si oui, qui va faire tourner l'entreprise en France si les meilleurs joueurs partent pendant 6 mois ?
9. Que ferez-vous des meilleurs joueurs après 6 mois ? Que leur donnerez-vous à faire ? Quelles seront leurs perspectives à leur retour ?
10. Quelles contraintes de gestion devez-vous accepter pour valoriser et pérenniser votre investissement à l'international ?

Vous avez réfléchi et répondu à toutes ces questions. Voici pour chacune d'elles un rappel de quelques bonnes pratiques de bon sens :

1. DO YOU SPEAK ENGLISH?

Partir à la conquête de l'international avec des personnes qui ne parlent pas anglais est, de toute évidence, impossible. Mais parler anglais ne suffit pas. Ou plus. Il faut aussi très souvent non seulement parler la langue du pays mais y avoir déjà vécu durant plusieurs années pour bien connaître les usages et la culture. Et c'est souvent là que les choses se gâtent. Face à une salle d'une centaine de chefs d'entreprises ou de cadres qui s'intéressent à l'international, quand on pose la question « *Do you speak English?* », un peu plus de la moitié de la salle lève la main.

Si l'on demande ensuite qui parle espagnol, le nombre de personnes qui lèvent la main n'est plus que de 5 ou 6. Quand on arrive à l'allemand, à l'arabe, au portugais ou au mandarin, il n'y a plus qu'une ou deux personnes à chaque fois. Sur une centaine au départ… Sachant qu'il ne suffit pas seulement de parler la langue mais d'aller s'installer à l'étranger, de vivre sur place…

2. QUELS BÉNÉFICES RECHERCHEZ-VOUS ?

Tenter de percer commercialement sur un marché qui n'est pas le vôtre (et qui souvent vous est hostile), y signer des contrats, y produire des biens ou des services, y gérer une filiale avec du personnel local constituent un exercice très risqué. Les investissements à réaliser pour réussir sont très significatifs. Aussi faut-il que cela en vaille vraiment la peine.

Exemples d'objectifs qui peuvent justifier un investissement à l'international :

- augmenter le chiffre d'affaires de l'entreprise de 10 %,
- augmenter l'Ebitda de 10 %,
- développer des synergies (il est indispensable de les décrire et les chiffrer précisément).

Il est inutile de prendre un risque à l'international uniquement parce que son marché domestique est saturé, ou « pour faire joli », ou encore parce que le dirigeant a lu dans une revue spécialisée sur le Private Equity que se développer à l'international permet d'augmenter la valorisation de l'entreprise. Les objectifs doivent être ambitieux, précis et chiffrés. Et surtout réalistes.

3. QUELLE STRATÉGIE « PAYS » ADOPTEZ-VOUS ?

La pire situation, et donc qu'il faut éviter, consiste à vouloir se développer tous azimuts dans plusieurs pays à la fois. C'est la meilleure façon d'échouer. Donc, si l'objectif est d'augmenter le chiffre d'affaires de 20 % en se lançant en même temps sur 6 pays à la fois, il vaut mieux tout arrêter et redéfinir son projet. Par exemple en le réalisant en plusieurs phases. Le maître mot pour réussir : focus, focus, focus. L'international coûte très cher. L'ennemi, c'est la dispersion.

4. QUELS MARCHÉS VISEZ-VOUS ?

La conséquence de ce qui précède doit amener les entreprises à viser des marchés qui ont déjà atteint une taille critique.

Exemples de marchés qui répondent à ce critère de taille critique :

- un marché dont la taille est supérieure à la taille du marché domestique,
- un marché parmi les 10 ou les 15 premiers marchés mondiaux,
- un pays avec plus de 60 millions d'habitants (Nigéria, Turquie, Allemagne, Égypte, etc.),
- un marché qui permettra d'en aborder d'autres ensuite : une région de la Chine est préférable au Vietnam, par exemple… Si l'on réussit dans une région, il sera plus facile de dupliquer le modèle vers une autre région. Cette remarque vaut aussi pour les États-Unis, l'Inde ou le Brésil (pays très vastes).

5. COMBIEN DE TEMPS VOUS DONNEZ-VOUS POUR RÉUSSIR ?

À l'international, tout est toujours plus long. La législation peut évoluer rapidement et ne pas être stable dans le temps. Les règles peuvent varier d'une région à l'autre à l'intérieur d'un même pays (Inde, Brésil, etc.). Les autorités du pays peuvent vous considérer comme des concurrents pour leurs entreprises locales et soumettre vos projets à des autorisations fournies par des ministères très paperassiers. Quelle entreprise n'a pas déjà subi ces tracasseries administratives au Maghreb ou en Afrique ? Là où dans vos business plans vous aviez programmé un « time to market » de 6 mois, il faudra en prévoir 12 ou 18. Ce qui multiplie par trois le niveau de cash à investir pour maintenir les structures dans l'intervalle. Sans compter les frais d'avocats à investir pour se mettre en conformité avec la législation locale ; quand il ne s'agit pas tout simplement de graisser la patte du douanier ou du sous-préfet…

6. QU'ÊTES-VOUS PRÊTS À INVESTIR POUR RÉUSSIR ? QUEL BUDGET PRÉVOIR ?

Vous prévoyez dans votre business plan un investissement de 500 K€. Pour les raisons qui précèdent, programmez plutôt 1 000 K€ ou 1 500 K€. Mais cela risque peut-être de changer le ROI de votre investissement. Dans ce cas, n'investissez pas. Attendez que l'investissement en vaille vraiment la peine. Soyez patients. Une autre solution : mutualisez le risque avec un autre investisseur à vos côtés. Ou encore commencez petit : apprenez à connaître le nouveau pays avec un distributeur ou des partenaires locaux. Dans l'intervalle, vous affinerez vos plans.

7. ÊTES-VOUS PRÊTS À ENVOYER VOS MEILLEURS « JOUEURS » (COMMERCIAL, MARKETING, PRODUCTION, FINANCE, ETC.) PENDANT 6 MOIS SUR PLACE ?

On n'intègre pas une acquisition à l'international en se rendant sur place deux jours par mois. Ni en envoyant sur place un manager de transition. Un directeur financier d'un grand groupe m'a un jour raconté que pour intégrer une entreprise industrielle de 2 000 personnes achetée aux États-Unis, son groupe avait dû envoyer 17 managers expérimentés sur place pendant près d'un an. Tout dépend bien sûr de la taille, de la complexité de l'activité et du marché. Si l'on peut envisager de réussir l'intégration d'une entreprise en France en 100 jours, prévoir le double à l'international paraît raisonnable. Des questions viennent ensuite à l'esprit : vos managers sont-ils motivés pour y aller ? Qu'ont-ils à y gagner ? À y perdre ? Sortir du « train-train » quotidien quelques semaines, c'est bien. Prendre un risque dans sa carrière (celui d'échouer) freine beaucoup de managers...

Quid de leurs épouses ? Sont-elles d'accord ? Sont-elles prêtes à voir partir leur conjoint pendant 6 mois ? Ou à s'installer sur place ? Les épouses ou les compagnons ont leur mot à dire. Tout cela se prépare donc longtemps à l'avance.

8. SI OUI, QUI VA FAIRE TOURNER L'ENTREPRISE EN FRANCE SI LES MEILLEURS JOUEURS PARTENT PENDANT 6 MOIS ?

A priori, l'idée est d'envoyer les meilleurs pour avoir la certitude de réussir. Pas d'envoyer « les bras cassés ». L'entreprise a peut-être d'autres projets à mener en même temps. Qui va s'en occuper ? Les N-1 ou les N- 2 ? Sont-ils prêts à relever des challenges ? Si tous les postes ne sont pas doublonnés, il faudra penser à recruter. Cela coûte de l'argent. Cela prend du temps. Il faut anticiper.

9. QUE FEREZ-VOUS DES MEILLEURS JOUEURS APRÈS 6 MOIS ? QUE LEUR DONNEREZ-VOUS À FAIRE ? QUELLES SERONT LEURS PERSPECTIVES À LEUR RETOUR ?

Les entreprises qui croissent par acquisitions successives ont moins de problèmes à se poser. Le cadre qui a réussi au Brésil peut être envoyé en Corée, etc. Mais attention : certains d'entre eux auront besoin de souffler, d'autres de se poser pour des raisons familiales ou de santé. Réintégrer un cadre expatrié dans un organigramme en France est parfois compliqué. Il peut avoir l'impression de s'ennuyer ou d'être mal payé. Il peut avoir du mal à se réinsérer. Certains vont le trouver déconnecté. D'autres le voir comme un rival...

10. QUELLES CONTRAINTES DE GESTION DEVEZ-VOUS ACCEPTER POUR VALORISER VOTRE INVESTISSEMENT À L'INTERNATIONAL ?

Il convient dans un premier temps d'apporter au minimum des réponses précises aux 15 questions concernant la trésorerie (chapitre 6). Ce qui signifie d'y avoir déjà répondu concrètement au siège. Il est toujours plus facile d'exporter des bonnes pratiques et de les imposer à sa filiale quand on est soi-même capable de démontrer qu'on a déjà mis en place ces bonnes pratiques. L'exemplarité, c'est la clé.

11. SYNTHÈSE

On ne part pas à l'international avec « un pistolet à bouchons ». Tous les jours, des avions atterrissent à Sao Paulo avec à leur bord des hommes d'affaires venant de tous les pays du monde. On ne réussit pas à l'international si l'on n'a pas déjà fait la démonstration de son business modèle sur son marché domestique. Le temps de « Tintin au Congo » est révolu. La compétition est partout. Il faut être prêt à affronter tout type de concurrents, y compris des entreprises qui n'ont pas les mêmes niveaux de charges sociales ou de coûts fixes ou bien qui font preuve d'une éthique des affaires différente de la nôtre.

Réussir son acquisition à l'international, c'est respecter 3 conditions :

- Être prêt à en baver,
- Que cela en vaille la peine,
- Focus, focus, focus !

CHAPITRE 12

LE « DÉBRIEF », LE RETOUR D'EXPÉRIENCE ET LA PHASE D'APPRENTISSAGE.

DES ÉTAPES INDISPENSABLES POUR PRÉVENIR LES ÉCHECS ET PRÉPARER LES SUCCÈS FUTURS. 4 INDICATEURS À SURVEILLER

SOMMAIRE

Nous l'avons vu tout au long de cet ouvrage, les décisions d'investissement (l'acquisition d'une entreprise) sont souvent réduites à leurs caractéristiques brutes quand elles ne sont pas justifiées uniquement par des indicateurs financiers.

Compte tenu du nombre de paramètres à prendre en compte sur le terrain dans la phase « exécution opérationnelle » de l'intégration, on ne peut se limiter à ces seuls indicateurs. L'analyse a posteriori des facteurs de succès ou d'échec de l'opération permet de compléter les indicateurs strictement financiers par de nouveaux indicateurs. Nous en avons identifié au moins 4 à surveiller.

Il faut bien le reconnaître, la phase « débrief », retour d'expérience ou d'apprentissage, est souvent superficielle voire inexistante. Succès ou échec, tout le monde a envie de passer à autre chose. Très peu d'entreprises s'astreignent à tirer les enseignements des mois intenses de travail qui ont précédé ou suivi la transaction. Encore moins à formaliser et à diffuser après chaque opération des bonnes pratiques pour le futur. C'est dommage et c'est contreproductif. La phase « débrief », retour d'expérience ou d'apprentissage, est indispensable pour capitaliser au fur et à mesure sur les expériences passées mais également pour envoyer un signal fort aux équipes annonçant que la phase d'intégration, réussie ou non, est terminée et qu'il faut maintenant repasser en mode gestion courante. Ce signal indispensable permet aux équipes de souffler mais aussi de faire le deuil du mode « gestion de crise » de la phase d'intégration. Si l'on n'envoie pas un signal fort montrant que la phase d'intégration est terminée, la cohabitation à moyen terme des équipes dédiées à la phase d'intégration avec celles dédiées à la gestion courante risque de créer des conflits. D'où l'intérêt de faire coïncider la fin de la phase d'intégration avec la formalisation du retour d'expérience.

Autant dans le domaine commercial qu'en matière de gestion des ressources humaines ou d'investissement dans de nouveaux projets, il convient de prendre en compte d'autres dimensions de la décision que les critères strictement financiers, ce qui fournit l'occasion de se poser de nouvelles questions.

Quelle que soit la transaction, quatre axes peuvent systématiquement être passés en revue **a posteriori** :

- Le processus de décision : pour savoir si la décision d'acheter l'entreprise était logique.
- La personnalité de l'interlocuteur qui a pris la décision d'investir : pouvait-on lui faire confiance ?
- Le système de valeurs attaché à la décision d'investir et au choix du pilote pour la phase d'intégration : cela faisait-il sens ?
- Le contexte de la décision d'investir : était-on dans un environnement favorable ?

Les développements qui suivent énumèrent pour chacune de ces quatre grandes questions un ensemble de sous-questions qu'il peut être utile de se poser a posteriori à propos de la transaction.

Ces questions doivent être « contextualisées » : une réponse positive peut suggérer selon les circonstances une promesse de succès ou au contraire une perspective d'échec. Et réciproquement avec une réponse négative.

La démarche consistant à passer en revue ces questions constitue une première approche vers une meilleure rationalisation dans l'évaluation des risques de succès ou d'échec du projet d'acquisition. L'étape suivante vise à formaliser et à quantifier ces risques. Elle n'est pas développée dans cet ouvrage, en raison du trop grand nombre de cas particuliers qu'elle impliquerait.

1. LA DÉCISION D'INVESTIR (D'ACQUÉRIR CETTE ENTREPRISE) ÉTAIT-ELLE LOGIQUE ? LE PROCESSUS DE DÉCISION ÉTAIT-IL CLAIREMENT DÉFINI ?

Lorsqu'on effectue une revue a posteriori de la transaction, il est très important de bien analyser la topologie du circuit de décision chez l'acheteur, qu'il s'agisse d'un processus par appels d'offres ou d'une négociation plus classique de gré à gré. Bien évidemment, la transparence du processus et son calendrier ne dépendent pas uniquement de l'acquéreur. Mais celui-ci peut tenter d'imposer son processus. Y déroger représente déjà un risque en soi.

Si le circuit d'achat est linéaire et transparent, l'acquéreur et le vendeur sont en mesure d'évaluer assez vite leurs positions et leurs espérances de succès. Si le circuit est confus ou opaque, l'acquéreur et le vendeur peuvent conserver une forte espérance de succès à condition de comprendre le circuit réel derrière l'apparence. Quand le circuit d'achat reste hermétique ou erratique, inaccessible à l'analyse, c'est en revanche l'échec qui menace, non seulement en amont de la transaction, mais aussi lors de la phase « intégration ».

Ci-dessous, vous trouverez une liste non exhaustive de questions qu'il est opportun de se poser pour analyser le processus de décision. Ces questions sont de portée générale : elles permettent d'apprécier la logique d'une démarche ou d'une décision.

- La décision d'acquérir cette entreprise a-t-elle suivi le processus de décision normal ?
- La décision a-t-elle été rapide ? Trop rapide ?
- La décision s'est-t-elle appuyée surtout sur des considérations techniques ?
- La décision s'est-t-elle appuyée surtout sur des considérations politiques ?
- La décision a-t-elle été prise par une personne seule ?
- La décision était-elle prise à l'avance ?
- La décision était-elle collégiale ?
- La décision a-t-elle suivi un circuit linéaire ? Top down ? Bottom up ?
- La décision a-t-elle fait l'objet d'un processus d'escalade ?

- Les personnes impliquées dans le processus de décision avaient-elles un parti pris ? Un intérêt particulier ?
- Les personnes impliquées dans le processus de décision n'ont-elles servi que de relais ?
- La décision a-t-elle été prise par consensus, arbitrage, ballottage ?
- La décision a-t-elle été « confisquée » par les techniciens ?
- La décision a-t-elle été déterminée par le passé ?
- La décision a-t-elle été déterminée par le futur ?
- La décision avait-t-elle un objectif précis ?
- La décision a-t-elle été prise à un moment approprié ? Dans un contexte approprié ?
- Les collaborateurs chargés de mettre en œuvre la décision ont-ils été consultés ?
- Après avoir été prise, la décision a-t-elle été annoncée par la direction générale ? Si oui, à qui ?

2. POUVAIT-ON FAIRE CONFIANCE À LA PERSONNALITÉ DE L'INTERLOCUTEUR QUI A PRIS LA DÉCISION D'INVESTIR ? ET À CELLE QUI A CHOISI LE PILOTE POUR MENER À BIEN LE PROJET D'INTÉGRATION ? POUVAIT-ON FAIRE CONFIANCE À LA PERSONNALITÉ DU PILOTE DU PLAN À 100 JOURS ?

D'une manière générale, quelle confiance peut-on accorder à un interlocuteur, dans le cadre d'une relation professionnelle, en fonction de son expérience du succès et de l'échec ? Les neurosciences le démontrent aujourd'hui : l'échec est formateur. Mais on préfèrera toujours que les personnes fassent ce type d'expérience chez les autres. Pas chez nous. Ou alors à très petites doses. L'échec oblige à se remettre en cause et à inventer des solutions. Une expérience scolaire et professionnelle faite de succès identifiés et d'échecs assumés peut ainsi se révéler plus prometteuse qu'un parcours de « premier de la classe » à la merci d'un obstacle imprévu. Certaines formations déforment. Il en va de même en ce qui concerne les expériences de management dans les entreprises. Les exemples sont nombreux de managers ayant réussi dans des grands groupes qui se révèlent incapables de réussir dès qu'ils sont plongés dans l'univers de la PME/PMI.

Un jugement collectif paraît nécessaire lorsqu'il s'agit d'évaluer les aptitudes professionnelles pour mener un projet d'acquisition à son terme. En fonction des pays, il existe des différences culturelles au regard du succès et de l'échec. En Allemagne et aux États-Unis, on progresse en corrigeant ses insuffisances au fur et à mesure. En France, on vise la perfection : il est mal vu d'afficher ses échecs.

Ci-dessous, nous passons en revue différentes questions qu'il est utile de se poser lorsqu'on se demande si l'on a affaire à un interlocuteur plutôt porté au succès ou présentant au contraire une tendance à l'échec. Ces questions sont utiles compte tenu des statistiques concernant le succès ou l'insuccès des opérations de fusion acquisition. Envisager l'échec, l'avoir déjà connu pour ne pas le reproduire, peut être un atout dans un contexte où plus de 50 % des opérations de fusion-acquisition se révèlent être des fiascos.

Comme précédemment, cette liste de questions à se poser a posteriori n'est pas exhaustive :

- Sa formation était-elle cohérente avec la question traitée ?
- Était-il déformé par sa formation ?
- Son expérience était-elle cohérente avec la question traitée ?
- Avait-t-il connu des échecs ?
- Reconnaissait-il ses échecs ?
- Tirait-il un enseignement de ses échecs ?
- Était-il entré récemment dans l'entreprise ?
- Prétendait-il n'avoir connu que des succès ?
- Présentait-il ses succès comme individuels ou collectifs ?
- Présentait-il ses échecs comme individuels ou collectifs ?
- Avait-il été évalué par plusieurs personnes ?
- Faisait-il l'unanimité des opinions portées sur lui ?
- Avait-il tendance à oser ?
- Accordait-il trop d'importance aux chiffres ?
- Était-il pragmatique ?

3. LES VALEURS DE L'ENTREPRISE ONT-ELLES ÉTÉ RESPECTÉES ? L'ACQUISITION FAISAIT-ELLE DU SENS ?

En troisième lieu, il est très important d'aborder la problématique de la cohérence d'une démarche d'investissement ou d'une décision d'acquisition d'une entreprise au regard des valeurs de son environnement. La qualité d'un produit ou d'un service ne se limite plus à ses caractéristiques techniques ou économiques ni au seul accueil de ses clients. Elle dépend aussi aujourd'hui de l'appréciation que portent les autres parties prenantes, leaders d'opinion, etc., dont l'irruption dans le langage et la vie des entreprises est un phénomène récent mais prégnant. Ce phénomène est accentué et accéléré par la montée en puissance des forums d'échanges sur Internet et des réseaux sociaux.

De plus en plus souvent, un produit ou un service véhicule autre chose que lui-même. Si sa dimension incorporelle est conforme à l'attente des parties prenantes, il bénéficie d'un levier de développement. Si, en revanche, son image est en contradiction avec leurs exigences, il se retrouve en difficulté.

L'intelligence sociétale consiste à identifier toutes les parties prenantes, celles susceptibles d'influer dans un sens ou dans l'autre, et à évaluer la conformité du produit à leurs attentes. Nous avons recensé ci-dessous une liste non exhaustive de questions utiles pour contribuer à l'évaluation des risques et des atouts sociétaux. Lorsque les pratiques de l'entreprise et son produit sont en cohérence avec les valeurs des parties prenantes, on peut espérer un cycle de succès. Dans le cas contraire, on risque l'échec.

La réussite d'une opération de fusion acquisition passe nécessairement par l'évaluation de ces enjeux sociétaux des deux côtés : côté acquéreur et côté cible. Le travail est doublc. Lc rôlc du management consiste aussi à préparer un plan d'homogénéisation entre les deux. Ce travail d'homogénéisation est souvent fait très superficiellement (se reporter au dernier chapitre sur l'humain).

- L'entreprise affiche-t-elle une charte de valeurs ?
- L'entreprise agit-elle en accord avec ses valeurs affichées ?
- Les valeurs de l'entreprise sont-elles cohérentes avec celles de son écosystème ?
- Les valeurs de l'écosystème sont-elles stables ?
- Le produit est-il porteur d'autre chose que sa valeur d'usage ?
- Les parties prenantes sont-elles identifiées ?
- Les parties prenantes sont-elles en harmonie avec le produit, ou en conflit ?
- Y a-t-il une démarche de partenariats durables avec les parties prenantes ?
- Y a-t-il une démarche de veille sur les signaux faibles ?
- L'entreprise se donne-t-elle le temps de l'analyse et de la réflexion ?
- Quelle est la culture du risque de l'entreprise ?

4. LE CONTEXTE DE L'ACQUISITION ÉTAIT-IL FAVORABLE ?

Si l'on attend que le climat soit favorable pour effectuer une acquisition, on n'en fera aucune. De même, si l'on attend que tous les paramètres soient réunis… Le marché n'est ni bon ni mauvais. C'est le marché. Souvent, ce qui compte, c'est la manière dont nous l'évaluons : menaces ou opportunités ? Sommes-nous optimistes ou pessimistes ? Pourquoi avons-nous été optimistes ou pessimistes sur cette transaction ? Avons-nous eu raison de l'être ?

Les notions d'optimisme et de pessimisme sont très relatives et très instables dans le temps. Nous sommes tous sujets à des biais cognitifs qui nous conduisent à surévaluer ou, à l'inverse, à sous-évaluer les situations en raison de la façon dont nous est présentée l'information. Les phénomènes des biais cognitifs peuvent conduire à faire converger les comportements individuels vers une attitude collective uniforme. Pour des raisons sans relation nécessairement justifiable avec la réalité, les entreprises peuvent ainsi se montrer à certains moments globalement optimistes ou pessimistes.

Comme dans le cas du circuit de décision, ce qui importe alors n'est pas l'optimisme ou le pessimisme apparents, mais les raisons qui conduisent à leur manifestation. Ce sont elles qui permettent de déterminer si l'on est ou pas dans un contexte favorable. Des quatre indicateurs passés en revue dans ce chapitre, ce dernier est sans doute le plus difficile à appréhender. Mais c'est peut-être aussi le plus important. Nous avons répertorié ci-dessous quelques pistes de réflexion pour tenter de se défaire de ces biais qui nous influencent dans un sens ou dans l'autre et pour ainsi gagner en objectivité.

- Était-on, au moment de l'acquisition, dans une séquence de succès ?
- Les collaborateurs avaient-ils en interne un discours critique ?
- Les collaborateurs avaient-ils en externe un discours critique ?
- L'entreprise pratiquait-elle l'autosuggestion ? La méthode Coué ?
- Les codes de comportements étaient-ils contraignants ?
- Les managers et les collaborateurs s'affichaient-ils comme optimistes ?
- L'optimisme affiché était-il unanime ?
- L'optimisme affiché paraissait-il excessif ? Trop excessif ?
- Les optimistes et pessimistes étaient-ils dans des fonctions cohérentes avec leur tempérament ?
- L'entreprise était-elle d'un fonctionnement simple ?
- Avec le recul, l'acquisition s'est-elle déroulée au moment opportun ?
- Était-on dans l'illusion individuelle ?
- Était-on dans l'illusion collective ?
- Était-on dans la manipulation ?
- Était-on victime d'un biais cognitif ?

5. SYNTHÈSE

Nous avons proposé dans ce chapitre en fin d'ouvrage une liste de quatre indicateurs sous forme d'interrogations. C'est le rôle de l'équipe d'intégration de se poser à posteriori ce type de questions. Pour lister les bonnes pratiques, les diffuser et ainsi préparer le futur. Rien n'empêche néanmoins d'utiliser cette grille d'analyse « au présent » dans les phases amont de la transaction. Notamment avant de commencer à investir dans celle-ci en honoraires de conseils.

CHAPITRE 13

MESSAGE POUR MESDAMES ET MESSIEURS LES ADMINISTRATEURS !

SOMMAIRE

Les opérations de fusion-acquisition, souvent précédées d'opérations de scissions ou de désinvestissements pour les financer, sont des composantes essentielles de la stratégie des entreprises. Notamment dans un contexte de crise où l'on nous annonce une croissance faible durant plusieurs années dans la zone Euro et où bon nombre de marchés sont saturés voire déclinants. Racheter un concurrent, compléter son portefeuille d'activités, verticaliser, investir dans une joint-venture dans un pays émergent sont des opérations qui comportent des risques élevés compte tenu de leur complexité. Ces risques sont accrus du fait de la rapidité avec laquelle le management souhaite les réaliser.

S'il est coutumier de dire que plus de 50 % des opérations de fusion-acquisition n'atteignent pas les objectifs fixés au départ, il n'existe pas de statistiques permettant d'affirmer que ces échecs fréquents sont liés au non respect des règles de gouvernance. Un grand nombre d'échecs constatés dans la pratique sont liés à l'absence de préparation de l'acquisition et à la précipitation du management dans son exécution.

Le conseil d'administration exerce un rôle central pour bien s'assurer que ces opérations sont conduites dans l'intérêt des actionnaires et de l'entreprise et qu'elles sont exécutées correctement. Chaque opération est bien sûr différente mais il existe des principes communs et des bonnes pratiques à respecter afin que le conseil puisse jouer pleinement son rôle. Trop souvent, le conseil fait confiance au management, ne s'implique pas et découvre a posteriori l'ampleur des dégâts.

Corrélation ou causalité ?

1. RAPPEL DU RÔLE DU CONSEIL D'ADMINISTRATION

1. Le rôle général du conseil : le conseil participe à la définition de la stratégie de l'entreprise et au suivi de sa bonne exécution. Ce rôle englobe tout ce qui concerne les opérations majeures (impulsion, décision et contrôle).
2. Le conseil est compétent également pour tout ce qui concerne la validation des résolutions qui seraient soumises à l'Assemblée Générale, notamment pour tout ce qui touche aux aspects de la structure juridique ou de l'objet social ; une acquisition est souvent une opportunité de transformer l'entreprise (sécuriser ses approvisionnements ou ses débouchés, par exemple) et donc d'en modifier l'objet social.
3. Enfin, par la délégation que le conseil donne au comité d'audit, le conseil est responsable de l'efficacité des systèmes de contrôle internes et de la gestion des risques. Et les risques sont très nombreux dans ce type d'opérations.

Il appartient donc au conseil de décider si l'opération proposée par le management doit être envisagée, approuvée ou rejetée. Il lui incombe également de s'assurer ensuite de sa bonne exécution. Trop souvent dans la pratique, les administrateurs ne jouent aucun rôle, laissent le management agir en se disant que si les choses tournent mal, ils pourront par la suite, collégialement ou individuellement, s'exonérer de leur responsabilité et « charger » le management. Rôle et responsabilité sont liés. Il convient donc de rappeler un certain nombre de règles de bons sens concernant le rôle du conseil d'administration.

2. RÔLE DU CONSEIL D'ADMINISTRATION AU MOMENT DE LA VALIDATION DE LA DÉCISION DE LANCER L'OPÉRATION

Lancer une opération de fusion acquisition comporte des risques. Tout d'abord un risque d'image : celui d'échouer. Les concurrents ne feront pas de cadeau. Ils feront la publicité de cet échec auprès des clients, de l'écosystème. Mais aussi des risques d'opportunité (pendant que le management est concentré sur l'opération, il surveille moins le business courant). Et enfin des risques financiers (à un moment, il faut investir en conseils externes ; cela coûte cher).

Le conseil a donc vocation de contrôler au préalable un certain nombre de points concernant le projet de fusion-acquisition. Il posera au management au minimum les questions suivantes :

- Les objectifs poursuivis sont ils conformes à la stratégie de l'entreprise ? À ses intérêts ?
- Quel est le risque à ne pas faire l'opération ? L'a-t-on chiffré ?
- Y a-t-il d'autres options ? Dispose-t-on d'un vivier d'autres opportunités d'acquisitions ? Les a-t-on suffisamment étudiées ?
- Les risques pris sont-ils appropriés ? Démesurés ? Une évaluation des risques a-t-elle été menée ? Par qui ? Contrôlée par qui ?
- Les investissements financiers à réaliser sont-ils conformes à la surface financière des actionnaires ? À leurs horizons de sortie ? À leurs intérêts ?
- Les modalités de financement prévues pour l'opération sont-elles compatibles avec les moyens de l'entreprise ? Nuisent-elles à la sécurité financière de l'ensemble ?
- L'opération créera-t-elle de la valeur pour les actionnaires ? De manière significative ? Et dans quel domaine ? Surface commerciale ? Capacité de production ? Technologique ? Financier ?
- À quel horizon ce surcroît de valeur pour les actionnaires sera-t-il tangible ? Mesurable objectivement ?

De même, le conseil devra, avant présentation ou envoi à l'extérieur de l'entreprise, valider les étapes clés de la transaction :

- validation du contenu de l'offre non liante,
- validation du contenu de l'offre liante,
- validation des mandats de négociation donnés au management ou aux conseils de l'entreprise.

3. RÔLE DU CONSEIL D'ADMINISTRATION UNE FOIS LE PROJET LANCÉ, C'EST-À-DIRE PENDANT LA PHASE D'INTÉGRATION

Une fois le projet lancé, le conseil devra en suivre la bonne exécution. Il interrogera régulièrement le management sur les sujets suivants :

- Quelles sont les actions mises en œuvre concrètement pour limiter les divers risques identifiés au départ ?
- De nouveaux risques sont-ils apparus durant l'exécution ? Remettent-ils en cause l'opération ? Quels impacts ont-ils sur la valeur créée ?
- Le déroulement de l'opération est-il conforme au calendrier ? L'impact financier d'un rctard éventuel a-t-il été chiffré ?
- Le déroulement de l'opération est-il conforme aux prévisions en termes de valeur créée ? De réductions de coûts ? De ventes et de profits additionnels ? De synergies ?

Le conseil d'administration devra donc s'impliquer dans la phase d'intégration. C'est nouveau. Il devra challenger le management sur les principaux aspects du plan d'intégration :

- qualité des actifs achetés (pertes de clients, etc.),
- crédibilité des plans d'actions et des plans d'intégration (timing, revenus et économies attendus),
- robustesse des synergies,
- risques managériaux (départs d'hommes clés) et sociaux (baisse de la productivité, grèves, etc.),
- communication financière,
- communication externe,
- risques d'exécution (notamment le respect des calendriers),
- respect des intérêts de l'entreprise cédée.

Pour faciliter son travail, le conseil d'administration devra exiger du management qu'il agisse avec méthode et qu'il lui fournisse régulièrement des informations chiffrées, voire que soit mis en place un reporting approprié.

4. LA NÉCESSITÉ D'UNE RÉUNION DE CADRAGE ET LE BESOIN DE MÉTHODE DANS L'ORGANISATION DE LA RELATION ENTRE LE CONSEIL D'ADMINISTRATION ET LE MANAGEMENT

La réponse à toutes ces questions nécessitera la disponibilité du management. Or celui-ci a peu de temps… et souvent ne comprend pas l'intérêt de devoir rendre des comptes au conseil d'administration sur les opérations de fusion-acquisition en cours. Pour le management, moins il y a de personnes au courant, plus on augmente les chances de réussite de l'opération.

Un certain nombre de règles du jeu concernant le respect de la confidentialité ou la gestion des conflits d'intérêts éventuels sont à mettre en place dès le départ (réunion de cadrage) ; de même, un calendrier de réunions formelles (rapports d'étapes) et informelles (points de contacts) est à prévoir mais surtout à respecter. Enfin, des analyses contenant des informations chiffrées devront être fournies régulièrement par le management pendant la durée de l'opération.

L'objectif de tout ce dispositif est d'associer le conseil d'administration aux étapes clés de la conduite du projet. Pas de substituer le conseil ou l'un de ses membres au management.

L'intervention du conseil dans le projet devant toujours être proportionnelle aux enjeux pour l'entreprise ou à la nature des risques pris par le management.

Il paraît évident que le management ne puisse pas décider seul et sans contrôle un certain nombre d'opérations. Parmi celles qui nécessitent beaucoup de vigilance de la part du conseil, on peut citer à titre d'exemples :

- les opérations dites « transformantes », celles qui ont un impact irréversible sur le business modèle parce qu'elles font changer l'entreprise de métier ou de marché,
- les opérations menées dans des secteurs ou des zones géographiques encore inconnus de l'entreprise,
- le rachat d'entreprises en difficultés,
- les opérations ayant pour impact de fragiliser les équilibres financiers de l'entreprise ou de remettre en cause sa liquidité (acquisitions payées en cash, par exemple).

5. S'AGIT-IL D'UNE REMISE EN CAUSE DE LA CONFIANCE ENTRE LE CONSEIL D'ADMINISTRATION ET LE MANAGEMENT ?

Les managers peuvent ressentir le dispositif de contrôle mis en place par le conseil d'administration comme une sorte de perte de confiance à leur égard. Il s'agit souvent seulement d'apporter un second regard sur l'opération. Un regard indépendant. Les administrateurs indépendants peuvent être très utiles dans ce type de situations. Ils apportent un éclairage différent sur l'opération. Les managers ont souvent la tête dans le guidon. Le conseil aide à prendre le recul nécessaire. Dans le monde anglo-saxon, on a recours à des non executive chairman ou a des non executive directors pour jalonner l'opération. Ils sont jugés par le management comme plus indépendants. De même, le conseil peut insister pour une implication plus forte du comité d'audit ou pour le recours à un cabinet indépendant en qui il a confiance. Dans tous les cas, le conseil d'administration devra se forger une opinion sur les véritables motivations des managers à réaliser l'opération. Quel est l'intérêt financier des managers à réaliser cette opération ? Ne sont-ils pas en conflit d'intérêts ? Quelle garantie a-t-on que les hommes clés qui conduisent l'opération ne vont pas faire faux bond à l'entreprise pendant le processus ? Ou qu'ils ne vont pas prendre le parti du cédant ? La stratégie poursuivie par le management n'est-elle pas tout simplement une fuite en avant ?

Bon nombre de managers, pris dans les difficultés du quotidien et incapables de les résoudre, tentent de masquer les difficultés en proposant des approches du type diversification ou développement à l'international. « *Nous allons sortir par le haut !* » ou encore « *Grâce à cette acquisition, nous allons sortir de nos difficultés !* ». Le rôle du conseil d'administration dans ce cas consiste à exiger que l'on règle d'abord les difficultés du quotidien avant de se lancer à l'aventure dans des opérations comportant des risques significatifs. Quitte à changer le management.

Bien évidemment, toutes les opérations de fusion-acquisition apportées par le management ne sont pas de « fausses bonnes idées ». Parfois, ce sont les actionnaires qui poussent le management à prendre des risques, à aller de l'avant et à se lancer dans des opérations de croissance externe mal préparées.

En synthèse, compte tenu des risques liés aux opérations de croissance externe, il est de plus en plus indispensable que le conseil d'administration soit associé de manière effective à toutes les étapes clés du processus. Y compris dans la phase d'intégration. L'implication soutenue d'un ou de plusieurs membres du conseil aux côtés du management sur une opération qui va prendre plusieurs mois a un coût. Il doit être anticipé. Personne ne travaille gratuitement. Ni les managers ni les membres du conseil d'administration.

CHAPITRE 14

L'APPORT DES MANAGERS DE TRANSITION

SOMMAIRE

10 ans de pratique du management de transition et plus de 300 missions dans plus de 20 pays m'ont convaincu de deux principes :

- le principe d'utilité,
- le principe d'humilité.

1. LE PRINCIPE D'UTILITÉ

Les entreprises ne disposent pas toujours des ressources nécessaires pour gérer des événements exceptionnels comme la préparation d'une cession ou l'intégration d'une acquisition. Les changements d'actionnaires provoquent souvent des perturbations (redistribution des cartes) dans le fonctionnement de l'entreprise qui subit dans la plupart des cas des bouleversements. Ceux-ci peuvent avoir pour conséquence des pertes financières. De plus, les acquisitions peuvent avoir lieu dans des endroits très éloignés géographiquement. Au sein des groupes, les collaborateurs n'ont pas toujours la possibilité de se consacrer à de tels projets à l'étranger ou en province. Question d'éloignement ou d'autres priorités. En outre, réussir son intégration est une question de temps et de respect des délais. Il ne faut pas traîner. Disposer de ressources dédiées pour piloter ce type de projets est un luxe pour beaucoup de groupes.

Les phases d'intégration sont intenses et nécessitent des managers expérimentés, sachant faire preuve de créativité, d'énergie et de dynamisme pour la mise en place rapide d'organisations, d'outils de pilotage ou de contrôle, d'équipes… Les managers de transition ont, au cours de leur vie professionnelle, déjà vécu plusieurs fois des phases d'intégration. Ils ont constaté qu'ils étaient plus performants et plus motivés pour les phases de changement que pour d'autres phases, par exemple celles d'optimisation de l'existant. Leur expérience leur permet d'aborder ces phases particulières sans stress. Au contraire, ils contribuent à absorber une partie du stress ambiant. Ils contribuent à redonner confiance aux équipes sur le terrain et à fixer des objectifs clairs dans des situations qui souvent sont troubles. Les rapprochements d'entreprises ont toujours pour conséquence des suppressions de postes de part et d'autre (élimination des doublons). Chacun sur le terrain a tendance à vouloir jouer sa carte personnelle au détriment du collectif. Les managers de transition ne craignent pas pour leur poste. Ils sont indépendants. Ils n'entrent pas dans les considérations politiques. Ils comprennent les jeux politiques au sein de l'entreprise mais n'y participent pas.

Les missions confiées aux managers de transition sont de trois ordres :

1. Prendre en main des fonctions ou des équipes en perdition, qui ne savent plus où elles en sont. Qui ont perdu confiance dans l'entreprise, dans le management et souvent en elles-mêmes. Dans ce cas, le rôle du manager de transition est d'aider à recréer la confiance, à remettre l'équipe ou les personnes sur une trajectoire vertueuse. Comment remotiver les équipes ? En écoutant le terrain. En se concentrant d'abord sur les fondamentaux, en montrant l'exemple, en faisant soi-même, en montrant que c'est possible… mais aussi en bougeant les lignes. Il s'agit parfois de jouer un rôle d'aiguillon auprès du management, pour le forcer à prendre des décisions, à avancer. Ce type de mission convient

aux profils « bulldozer ». Ils viennent renforcer ponctuellement ou « rebooster » des dirigeants au style de management trop prudent ou trop mou.

2. Renforcer une équipe de management qui a la confiance des actionnaires, qui est motivée, qui va de l'avant, qui booste, qui développe mais qui n'a pas le temps ni les réflexes pour structurer, mettre en place les contrôles ou les procédures du groupe. Dans ce cas, le manager de transition a pour mission de faire équipe avec le dirigeant, de rester dans son rôle d'exécution pour la partie organisation et support aux équipes opérationnelles.
3. Jouer un rôle d'expert à l'occasion d'un événement exceptionnel : mise en place de l'ERP du groupe, recherche et négociation d'un financement particulier, apporter sa connaissance du pays…

Chaque type de mission correspond à un type de profil de manager de transition. Attention aux erreurs de casting !

Les managers de transition apportent un regard neuf sur l'entreprise. L'acquéreur ne connaît pas forcément tous les détails de l'entreprise qu'il achète. Bien souvent, il n'a eu accès à certaines informations qu'à l'occasion de la consultation de documents dans la data room. L'indépendance du manager de transition lui permet de se fondre dans les aspects opérationnels, de mettre du lien entre l'acquéreur et le terrain. La société qui achète n'est parfois pas mieux organisée que la cible. Il y a des bonnes pratiques et des compétences aussi dans la cible. Le manager de transition aide à réaliser ce diagnostic indépendant sur le terrain.

2. LE PRINCIPE D'HUMILITÉ

Un seul ou même plusieurs managers de transition ne peuvent pas résoudre à eux seuls tous les problèmes des entreprises. Ils contribuent à accélérer et à sécuriser le processus d'intégration. Mais intégrer une entreprise dans un groupe est avant tout un travail d'équipe. Les managers de transition ont vocation à quitter l'entreprise après quelques semaines ou quelques mois. L'objectif de leur mission est d'aider l'entreprise rachetée à faire un saut qualitatif dans son organisation, à franchir un cap, à être autonome dans son nouvel écosystème. Ils ne peuvent se substituer dans la durée aux équipes permanentes. Leur mission n'est concevable que dans une durée courte (quelques semaines à quelques mois). Les équipes permanentes doivent prendre le relai. La deuxième partie des missions des managers de transition consiste souvent à former des collaborateurs sur le terrain, à en recruter…

C'est pour cette raison que les managers de transition doivent être encadrés et animés afin de les aider à prendre le recul nécessaire dans certaines situations (conflits de priorités ou d'agendas, conflits de personnes). Très rapidement happés par le quotidien de l'entreprise, ils ont besoin parfois d'être recadrés sur l'objectif qui ne peut être que de passer un relai, de transmettre un savoir-faire ou un savoir-être, de former leur successeur. Appliqué à la direction financière, le manager de transition a souvent pour rôle unique de produire des chiffres fiables (afin d'éclairer une situation) puis d'apprendre aux équipes sur le terrain à produire ces chiffres et à les analyser de manière autonome. Atteindre cet objectif en quelques semaines ou quelques mois n'est peut-être pas génial mais c'est très utile à l'entreprise. Vouloir aller au-delà est parfois dangereux. Attention aux managers de transition qui se prévalent de savoir tout faire ou de pouvoir tout faire par eux-mêmes. Attention aux managers de transition qui tentent de jouer leur carte personnelle pour se faire embaucher et rester quoi qu'il arrive dans l'entreprise. Les managers de transition doivent savoir partir et ne jamais tenter ni de s'incruster ni de se faire recruter.

3. 12 QUESTIONS À POSER POUR BIEN CHOISIR SON MANAGER DE TRANSITION

1. Depuis combien de temps fait-il ce métier ?
2. Combien de missions a-t-il réalisées à ce jour ? Dans quelles situations ? Dans quels pays et dans quels secteurs d'activités ?
3. Quelle était la durée de ces missions ? À temps plein ?
4. Est-il rattaché à une structure ? Quel cabinet ? Et si oui, s'agit-il d'un cabinet généraliste ou spécialisé ? Quelle est la réputation de ce cabinet ? Depuis combien de temps existe-t-il ? A-t-il des références ? Qui sont les dirigeants ? Ont-ils d'autres activités ? Y-a-t-il un risque de conflit d'intérêt ?
5. Que se passera-t-il si la mission se déroule mal ? Si le manager de transition est malade ? Quel serait le recours ? Sera-t-il remplacé ? Que se passera-t-il s'il a besoin d'aide ? Quelle équipe autour de lui ? Disposera-t-il d'un support ? Si oui, lequel ? Que se passera-t-il si la mission dure plus longtemps que prévu ? Est-il disponible ? Pourrez-vous mettre fin à vos accords et selon quelles modalités ?
6. Le manager de transition s'engage-t-il sur des « délivrables » ? Sur un calendrier ? Sur des délais ?
7. Comment le manager de transition se rémunère-t-il ?
8. Parle-t-il anglais ? D'autres langues étrangères ? L'avez-vous vérifié ? A-t-il vécu dans des pays étrangers ? Combien de temps ? Il y a combien de temps ? Dans quel contexte ? Quelle connaissance a-t-il du pays ?
9. A-t-il des papiers en règle ? Visas ? Vaccins ?
10. Quand peut-il commencer ? Propose-t-il une période probatoire ?
11. Vous suggère-t-il une méthodologie de travail ainsi qu'un suivi de l'exécution de la prestation ? Par qui ? Selon quel rythme ? Quels types de rapports d'étape ?
12. Pouvez-vous vérifier facilement les affirmations du manager de transition ?

Un dernier point, et pas le moindre. Si vous avez recours à un manager de transition pour intégrer votre acquisition, c'est que vous avez évalué que son apport vous serait utile, que vous ne disposez pas des ressources en interne ou que celles-ci sont occupées à d'autres projets, qu'il y a du travail à réaliser même si vous n'arrivez pas à quantifier exactement la charge de ce travail. Car la matière est a priori complexe. Suffisamment pour avoir recours à ce type d'expertise. La matière est complexe et surtout *elle est confidentielle*. Vous ne pouvez vous permettre d'échouer. Vous n'avez pas envie que l'on sache à l'extérieur (concurrents, marché, interne) ce qui se passe chez vous. Que cela se passe bien ou mal. Interrogez vous sur la capacité du manager de transition à tenir sa langue. A-t-il signé un engagement de confidentialité ? Auprès de qui ? Est-il discret ?

Quand vous allez chez le médecin, si celui-ci vous raconte toutes les maladies de la personne qui vous précédait dans son cabinet, qu'allez-vous penser ? Qu'il dira la même chose sur vous au prochain patient ?

Si le manager de transition vous raconte ses précédentes missions avec une profusion de chiffres, de détails et de commentaires sur les personnes, s'il vous propose de vous montrer des documents relatifs à celles-ci pour conforter ses dires, vous avez votre réponse.

CHAPITRE 15

ET L'HUMAIN DANS TOUT CELA ?

Sommaire

Le monde bouge. Le monde change. Le temps s'accélère. Nous constatons tous dans notre entourage familial, amical, professionnel, un très grand nombre de mutations sociales et sociétales. Celles-ci vont bien au-delà de l'émergence et du développement des réseaux sociaux qui n'en sont que la partie immergée ou visible, agissant comme des accélérateurs de tendances. Ces évolutions concernent toutes les tranches de la population. Pas seulement la fameuse génération Y, c'est-à-dire les personnes entre 20 et 30 ans qui arrivent dans l'entreprise avec des valeurs et des attentes différentes de leurs aînés. Ayant du mal à séparer « le perso du boulot », fuyant le conflit en se réfugiant dans une bulle idéale, les Y sont capables d'une grande concentration et d'une vraie mobilisation pour peu qu'on sache comprendre leur mode opératoire. Dans ce concert, dans cette cacophonie parfois, d'alternance entre des phases de dépit et des phases de nouvelles revendications, il est utile de pouvoir décrypter quelques signaux faibles. Ceux-ci impactent nos projets de vie, nos projets professionnels, notamment dans les périodes de fortes mutations ; et les fusions-acquisitions font partie de celles-ci.

1. LES TENDANCES AU DÉSENCHANTEMENT

Les crises que nous venons de vivre ont toutes pour conséquence une forme de perte de légitimité du pouvoir. C'est la fin des « sachants », au premier rang desquels les experts. La tendance est à dénier, à défier parfois, le chef ou le père. Le rapport à la loi est fragilisé. Ce processus de « délégitimation » de la règle peut se mesurer dans la politique (abstention), dans l'action syndicale (très faible représentativité), dans la vie sociale en général. Il y a comme une forme de désinvestissement, de désengagement voire de discrédit pour les projets à long terme. On n'imagine plus de passer toute sa vie dans la même entreprise. On fait cinq ans et c'est déjà bien... Avec les conséquences que l'on sait en termes de loyauté vis-à-vis de l'entreprise. Il n'y a qu'à observer l'augmentation statistique des fraudes commises au travail par les salariés... C'est une mauvaise nouvelle car, dans la pratique, la tendance est de ne plus s'impliquer dans le collectif ni dans la carrière. C'est la fin du mythe du progrès pour les nouvelles générations. Elles disent souvent qu'elles vivront moins bien que leurs parents, alors à quoi bon ?

Cette « désimplication » professionnelle constatée partout s'accompagne d'une mise en doute radicale (thèse du complot) des informations officielles fournies par l'entreprise. Au même titre que l'on renonce à ce que l'espace professionnel soit le lieu de réalisation de soi (la manière de construire son identité passe de moins en moins par l'espace professionnel) au profit d'autres espaces tels qu'Internet, lieu de promotion de son e-réputation et d'émancipation de son moi virtuel, la tendance est au déni des informations produites ou communiquées par le management. Et quand celui-ci ne communique pas ou pas assez, on va chercher l'information ou on la créée (le buzz !) directement sur le Web.

Il y a comme un déracinement. Une forme de perte du sentiment d'appartenance identitaire. Dans notre affirmation de nous-mêmes, le lien avec l'entreprise qui nous emploie ou nous a employé se distend. Voire disparaît totalement chez certains. La perte du sentiment d'appartenance conduit à une forme d'anonymat, d'individualisme et d'atomisation sociale. Les projets dans l'entreprise achoppent car les gens se désengagent ou parce qu'ils ne se les approprient plus. Les exemples sont nombreux de démission ou de désengagement : un trésorier qui refuse de prendre en charge la responsabilité du cash management, un contrôleur de gestion ou un DAF qui ne veulent pas s'approprier des projets ADV (Administration des ventes) ou informatiques, un cadre qui refuse une mobilité... Plus rien n'avance. L'entreprise prend du retard partout... Et pourtant, tout ce beau monde passe un temps fou sur les réseaux sociaux...

Quelle est la cause ? Ou plutôt quelles sont les causes de ce mal être au travail ? Quels sont les ennemis de l'intérieur ? Il faut bien les nommer : l'ennui, l'isolement, l'absurdité de la tâche ou des processus. Trop de reporting tue le reporting et l'entreprise qui en fait sa religion !

2. LES TENDANCES AU RÉ-ENCHANTEMENT

D'un côté, les individus se sentent de plus en plus seuls, isolés, désespérés et partout on rencontre l'idée néo-tribale de la communauté. Dès que l'on réinvestit dans le local, dans la territorialisation en prenant soin de relayer ces investissements (mêmes minimes) par la technologie et les réseaux sociaux, c'est un succès.

Il y a une forme d'empathie et de plaisir de la redécouverte du management de terrain. Le management de proximité qui redonne un sentiment d'adhésion et d'appartenance par le partage des expériences, de conseils et de bonnes pratiques. Le « nous » réapparaît sous cette forme. Aujourd'hui, il n'y a plus de stratégie, entend-t-on souvent. Il n'y a plus que la tactique. Ce que l'on a, semble-t-il, perdu à cause du déni du futur ou tout au moins à cause des difficultés à se projeter dans le futur, nous le gagnons dans le présentéisme. Les équipes sont partout plus réactives pour les choses qui concernent le quotidien. Notamment pour la gestion de crise.

Un nouveau type de management émerge, pratiquant le « ici et maintenant » et épris de culture dionysiaque. Ces nouveaux managers tentent de combler l'angoisse ambiante par la remise en place d'un sentiment d'appartenance basé sur la culture de la fête et de la convivialité. De nouveaux rites d'adhésions à de nouveaux territoires identitaires prospèrent. Il s'agit de ritualiser et de socialiser tous les moments de la vie. Des réseaux d'ambassadeurs sont créés pour des périodes plus courtes. Puisque le temps s'accélère et que le futur n'intéresse plus personne, le travailler ensemble est modifié. Le rapport au temps est profondément affecté. Ce qui compte, c'est le temps tactique. Le nouveau rôle du management consiste à intensifier les moments plus éphémères et plus disparates que l'on vit ensemble. C'est à ce prix que le corps, l'entreprise, qui a subi un traumatisme retrouve plus rapidement son efficacité. Et les traumatismes sont nombreux avec la crise : plans sociaux, cessions, etc. Ce nouveau style de management, tourné vers l'animation de réseaux ou de communautés de partages, tend à s'imposer car le rapport à l'autorité a changé. Nous sommes passés du patriarcat au « fratriarcat ». Je te respecte parce que tu as vécu les mêmes expériences que moi et que tu me respectes. Le manager se fait coach, hybride d'échange et de pédagogie. Seule la pédagogie par l'exemple compte. Elle est plus efficace pour aborder les collaborateurs.

La guidance par la ressemblance. Pour fluidifier les relations sociales, un seul mot d'ordre : passer du système d'information au système d'interaction. L'important, ce n'est plus l'information. 90 % des informations sont disponibles. L'important, c'est le réseau d'échange de l'information et la cohésion qui en résulte. Les questions du partage d'information et de son appropriation sont centrales. Une fois celles-ci résolues, les collaborateurs qui se sentaient privés de repères retrouvent des capacités créatives. Les valeurs « corporate » réapparaissent. La logique de marque aussi, même s'il faut parfois rappeler l'esprit entrepreneurial du commencement, les succès passés et réactualiser le mythe fondateur. Steve Jobs était un as pour cela. L'avenir dira si le mythe fondateur peut survivre à son fondateur.

3. SI L'HUMAIN EST SI IMPORTANT QUE CELA DANS LES OPÉRATIONS DE FUSION ACQUISITION, POURQUOI LE DIRECTEUR DES RESSOURCES HUMAINES EST-IL SI SOUVENT EXCLU DU PROCESSUS ?

Nous l'avons vu au cours des chapitres précédents, tout se joue dans la vitesse et dans la rigueur de la phase d'implémentation. N'aurait-on pas intérêt alors à impliquer plus en amont les ressources humaines (RH) dans les phases de préparation ? Notamment afin d'anticiper le fameux « gap » des cultures, difficile à corriger en 100 jours, afin que celui-ci ne se transforme pas en « clash » des cultures.

Il faut bien le reconnaître, les ressources humaines sont rarement impliquées dans les opérations amont des fusions-acquisitions. On évoque souvent des problèmes de confidentialité. Comme si les ressources humaines n'avaient pas l'habitude de manipuler des informations confidentielles. Parfois, on sollicite le directeur des ressources humaines et ses équipes sur des aspects techniques tels que les rémunérations et les charges sociales, l'insuffisance des provisions pour restructuration, les estimations de coûts de licenciement. Uniquement des sujets qui ont un impact financier à très court terme.

À de rares exceptions près, les ressources humaines ne sont pas consultées sur le choix des personnes, ni sur les organigrammes cibles, ni sur les aspects culturels. Certains l'expliquent par le positionnement des ressources humaines dans l'entreprise. Si elles ont un positionnement technique dans l'entreprise qui achète, on leur demandera uniquement une prestation technique. La contribution des ressources humaines peut parfois se limiter à indiquer les noms et les coordonnées de ses conseils habituels, car « on ne peut pas connaître tous les régimes sociaux de la planète ».

Une autre raison invoquée fréquemment pour ne pas impliquer les ressources humaines est le facteur temps. Les ressources humaines ralentiraient le processus. Ils vont trop dans les détails… entend-t-on. Ne dit on pas pourtant que « le diable est dans les détails » ?

Le facteur temps, nous l'avons vu, est prépondérant. Plus on veut aller vite sur une opération, plus cela coûte (en conseils notamment) mais plus cela peut aussi rapporter gros et plus rapidement. Le facteur temps est par nature anxiogène pour les gens, et plus l'opération traîne, moins c'est bon pour l'humain (plus on prend son temps, plus les gens souffrent !).

Si l'on n'intègre pas les gens rapidement, ils partent et, dans les faits, cela revient à acheter une coquille vide. Ce sont les gens qui détiennent le savoir-faire. Mieux vaut dans ce cas acheter une marque plutôt qu'une entreprise. Cela coûte moins cher et c'est moins risqué.

Dans l'exemple particulier du spin-off (sortie de groupe) qui est un des cas assez fréquent des opérations de fusion-acquisition, les questions qui se posent à la fin du processus se cristallisent toujours autour des hommes. Jusqu'au dernier moment, les managers évaluent individuellement la prise de risque (sortir de leur groupe) et comparent leurs avantages connus avec les gains financiers potentiels. Les directeurs des ressources humaines pourraient être utiles pour anticiper des problèmes à ce stade et évaluer la solidarité entre les hommes qui constituent l'équipe de management. On ne les consulte jamais à ce sujet. Au contraire, on va à l'essentiel et on commet à chaque fois la même erreur : on suppose que parce que les individus (l'équipe dirigeante, les managers) sont intéressés financièrement, ils seront alignés ensemble sur le projet aux côtés des actionnaires.

De même, les employés ou les opérateurs peuvent être très fidèles à leur ancienne entreprise et attachés à leurs anciennes marques, leurs anciens collègues. Le management doit être capable d'expliquer le pourquoi du split, convaincre que cela se passera bien pour chacun d'eux. L'accompagnement n'est pas à négliger. Tout projet de réorganisation est anxiogène. Bien sûr, il y a les instances représentatives du personnel et le comité d'entreprise. Il est toujours préférable de conclure un accord de méthode avec lui, incluant la communication. Mais le comité d'entreprise n'a pas le monopole de la communication, bien au contraire.

Tous les salariés attendent des informations. Des informations sur le contenu de l'opération de fusion-acquisition. Des informations sur l'organisation à venir, sur le choix des personnes. Mais aussi et surtout des informations sur le calendrier. Tous les salariés souhaitent avoir de la visibilité. Cela les rassure. À titre d'exemple, on peut citer comme bonne pratique un groupe qui dès le premier jour a publié le calendrier suivant et s'y est tenu par la suite :

- à J + 6 jours : le top management est désigné,
- à J + 6 semaines : les N-1 sont désignés,
- à J + 6 mois : l'organisation finale est présentée.

Ce calendrier était précis. Il n'y avait aucune surprise. Chacun pouvait se déterminer.

Le pendant de cette bonne pratique (la mauvaise pratique) consiste à créer des attentes et à ne pas respecter le calendrier. Dans ce cas, les managers les plus brillants sont déçus et s'en vont. On détruit de la valeur.

Un autre sujet à propos duquel le directeur des ressources humaines et son équipe peuvent apporter leur aide concerne le traitement des détails. La phase importante d'harmonisation. Souvent, les managers de niveau intermédiaire et les salariés se braquent sur des questions pratiques. Vont-ils conserver leurs véhicules de fonction ? Vont-ils devoir changer de modèle ? Quid des places de parking ? Des tickets restaurant ? De la machine à café gratuite ? Des allocations diverses ?

Anticiper et répondre à ces questions, c'est se mettre dans les conditions de réussite de la transition. Bien sûr, personne n'a droit à conserver indéfiniment ses avantages acquis. Il est difficile après 12 ou 15 mois de gérer des populations traitées différemment sur tous ces sujets. Mais 12 ou 15 mois, c'est loin. L'important est d'abord de réussir les 100 premiers jours.

En résumé, les directeurs des ressources humaines sont peu impliqués par la direction générale. C'est très dommage. On le sait, les directeurs financiers et les directeurs des ressources humaines ont des relations compliquées. Il y a souvent des frictions entre eux. Les directeurs financiers reprochent aux directeurs des ressources humaines de trop vouloir dépenser. Les directeurs des ressources humaines reprochent aux directeurs financiers de n'envisager les choses que sous l'angle financier, c'est-à-dire à très court terme. Leurs points de vue sont parfois irréconciliables. Et pourtant, il faut savoir les réconcilier pour réussir l'intégration. Tenir à l'écart du processus de fusion acquisition les directeurs des ressources humaines pour des raisons de confidentialité est très injuste. Les mettre devant le fait accompli encore plus. Il faut comprendre leur frustration. Elle est légitime. Et surtout contre-productive quand on regarde les statistiques. À chaque fois qu'une opération de fusion acquisition se solde par un échec, nous faisons toujours le même constat. L'échec est dû à l'insuffisance de préparation de l'intégration côté ressources humaines.

Un directeur financier en charge des fusions-acquisitions dans un grand groupe m'a un jour raconté cette anecdote. À l'occasion de sa prise de fonction, alors qu'il constituait son équipe, il va voir son directeur général et lui dit : « Désormais, à chaque fois que je ferai un deal, je veux pouvoir intégrer un conseiller en ressources humaines dans le processus amont ».

Réponse du directeur général : « Non ! ».

4. LE CHOC DES CULTURES

Les différences de culture se voient souvent au premier coup d'œil. Sur le parking, à l'accueil (sourire ?), lors de la visite des locaux (lumière ? propreté ? rangement ? les gens portent-ils des cravates ? parlent-ils anglais ? font-ils l'effort de nous parler en anglais ?).

Pas besoin des ressources humaines pour nous dire tout cela…

C'est évident, on ne va pas arrêter un deal justifié afin de compléter une gamme de produits ou développer géographiquement les ventes pour des questions de culture. Il faut néanmoins en tenir compte dans l'accompagnement et dans la phase d'intégration. L'écart des cultures est habituellement mesuré par des enquêtes confidentielles (questionnaires papier ou sur Internet) ou par des focus groupes le plus souvent organisés par fonctions. Tout ce travail de mesure et d'analyse, le plus souvent confié à cabinets externes qui coûtent très cher, ne sert à rien si l'on n'en tient pas compte dans les plans d'action.

L'important est d'être cohérent entre ce que l'on dit et ce que l'on fait. Notamment dans la composition des équipes de direction. Sont-elles monocolore ou bicolore ? Mieux vaut ne rien dire que de dire quelque chose et ne pas le faire. On ne peut pas dire à des gens dont on achète l'entreprise : « Nous vous achetons car vous avez du talent » et ne pas intégrer une partie des équipes de la cible dans les équipes de direction. On ne pas dire par exemple à des développeurs informatiques marocains (exemple vécu) qu'on a besoin d'eux, qu'on compte sur eux, que l'on a de grands projets pour eux et couper immédiatement toute idée de perspective en arrêtant les projets de recherche et de développement locaux ou en supprimant les budgets de formation. Ce qui a fait dire à ces mêmes Marocains : « On ne comprend pas pourquoi ils nous ont rachetés et pas conservés comme sous-traitants ? ».

CHAPITRE 16

ÉVITEZ LES ERREURS DE CASTING !

Sommaire

1. PEUT-ON RÉDUIRE L'INCERTITUDE LIÉE AUX OPÉRATIONS DE CROISSANCE EXTERNE PAR UN CHOIX JUDICIEUX DES HOMMES QUI LES CONDUISENT ?

Deux styles de managers s'opposent. D'un côté, les planificateurs, qui cherchent à tout prévoir et à tout programmer. De l'autre, les managers de terrain qui considèrent que l'anticipation du futur est en réalité impossible et donc que ce qui compte, c'est la réactivité et la capacité à s'adapter rapidement à tout changement. La planification stratégique a eu ses heures de gloire mais les événements (faillite d'Enron, de Lehman, etc.) et le nombre croissant des incertitudes à gérer (matières premières, crédit, monétaire, politique, fiscalité) ont conduit les entreprises à la délaisser. D'autres écoles de pensée ont fait la part belle aux hommes, à leur enthousiasme, à leurs compétences. L'important dans une entreprise, ce sont ses salariés et ses clients. Si les dirigeants arrivent à instaurer un climat de confiance et à encourager l'initiative, ils n'ont pas besoin de plans, de prévisions, de calculs complexes. Ce qui compte, c'est la réactivité, le style « pompier ». Comme la planification stratégique, le pilotage a vue, l'improvisation parfois, ne résistent pas longtemps à la réalité. De plus, la forte implication nécessaire à ce « management réactif » place les salariés, notamment les cadres, quels que soient leurs systèmes de compensation, dans un état de stress considérable à l'origine de troubles psychologiques. C'est pourquoi beaucoup d'entreprises tentent de réconcilier les deux systèmes en combinant des stratégies de long terme pour tenter de prédire l'avenir et un mode d'exécution sur le terrain réactif pour faire face aux aléas. D'un côté, les managers sont formés et entraînés très en amont à des scénarios prévus à l'avance (les plus probables statistiquement). De l'autre, on laisse aux managers sur le terrain une liberté d'action en privilégiant les circuits courts de décision pour faire face aux catastrophes (les cygnes noirs, le piano à queue qui tombe sur George Clooney dans la publicité !) ou pour saisir des opportunités si les circonstances deviennent soudainement plus favorables. Les managers sont informés régulièrement des plans stratégiques (ceux-ci n'ont plus rien à voir avec des plans quinquennaux) et contribuent à leur élaboration. Dans leur exécution sur le terrain, ils sont encouragés à prendre des initiatives par une véritable pédagogie de l'action.

2. PRÉVOIR NE SUFFIT PAS POUR ANTICIPER...

Les exemples sont nombreux de situations ou d'entreprises qui avaient prévu tel ou tel événement et qui n'ont rien fait pour anticiper. Kodak avait prévu l'essor de la photographie numérique sans pour autant réussir à s'adapter à cette rupture technologique. De même, le 11-Septembre ou la crise des subprimes avaient été annoncés par des rapports d'experts...

3. OÙ METTRE LE CURSEUR ? LA SOLUTION, C'EST LE COLLECTIF !

Trouver le bon équilibre entre prévoir et agir est donc compliqué. Les solutions sont généralement trouvées dans un travail plus collectif, où les services se parlent au lieu de s'opposer. Encore faut-il que les dirigeants ou le top-management ne considèrent pas ce travail transversal et pluridisciplinaire comme une forme de renonciation à leurs prérogatives. Qu'ils acceptent d'être plus animateurs et moins décideurs.

4. 12 PROFILS DE MANAGERS À ÉVITER...

Nous présentons ci-dessous douze profils types de « managers boulets » dont on ne veut surtout pas dans les entreprises pour prendre en charge le plan d'intégration à 100 jours. Personne n'est parfait. En lisant ces portraits, nous penserons peut-être à nous-mêmes. Nous faisons tous des erreurs de recrutement. Nous nous remémorerons aussi des situations de travail dans lesquelles parfois nous n'avons pas été à la hauteur. Certains portraits peuvent donc nous ressembler. Nous reconnaîtrons-nous ?

Attention, une même personne peut cumuler plusieurs traits de caractère. C'est donc la convergence de ces traits qui doit nous alerter...

4.1 Le manager arrogant

« J'ai raison et les autres ont tort ». C'est sa façon de voir le monde. Pour lui, tous les autres sont des nuls. Il les traite de « zozos ». « Consulter les autres ? Pour quoi faire ? J'ai déjà fait le tour de la question... Prendre en compte la remarque d'un collaborateur ? Une perte de temps ! En quoi quelqu'un qui n'est pas moi pourrait-il m'apporter quoi que ce soit ?... ».

4.2 Le manager mélodramatique

Son problème ? Il est convaincu que pour exister vraiment, il doit être le centre exclusif de toutes les attentions. Il est capable de mettre en place des stratégies abracadabrantes pour se faire remarquer. Quitte à se mettre en danger ou à mettre en danger son projet ou sa carrière. Grand sentimental, il est très porté sur la mise en scène. Elle devient le moteur principal de sa vie au travail. Il passe plus de temps à tenter de capter l'attention des autres qu'à faire le job pour lequel il est payé à la fin du mois.

4.3 Le manager cyclothymique

Il est capable de vous accueillir le matin avec le sourire et les croissants et de vous en « coller une » en réunion à 10h30 sous prétexte que vous avez pris son agrafeuse et ne l'avez pas rangée à sa place. Ces managers qui souffrent de troubles de l'humeur ont en général un effet dévastateur sur le moral de l'équipe. Ils anéantissent le climat de sérénité dont les collaborateurs ont besoin a minima pour donner le meilleur d'eux-mêmes au travail. Chaque collaborateur sera en permanence sur le qui vive, essayant de détecter des signes annonciateurs de la prochaine colère du boss. Ce qui est très contre productif.

Toute cette énergie, non orientée vers la réalisation du projet d'intégration, est en définitive perdue.

4.4 Le manager précautionneux

Pour lui, c'est toujours « ceinture et bretelles ». Il a passé sa vie à retarder le jour où il devrait prendre une décision. C'est bien simple : il n'en prend jamais. À force de toujours mesurer le pour et le contre de chacune des options qui se présentent à lui dans son travail, il finit par se noyer dans les tableaux de chiffres qu'il utilise pour lister les avantages et les inconvénients des solutions à sa disposition. Pourtant, au fond de lui, il sait très bien que les deux solutions qu'il est en train de comparer sont quasiment équivalentes. Mais c'est plus fort que lui. Il est persuadé qu'il existe toujours une meilleure solution et il ne peut se résoudre à passer à côté d'elle. Supprimez-lui son ordinateur et exigez de lui des réponses urgentes…

4.5 Le manager qui ne fait confiance à personne

Il voit le mal partout. Selon lui, tout n'est que complot. Sa vision du monde : « Le mal est dans création. Des forces obscures se sont liguées contre lui pour le faire échouer, lui et les siens, dans ses projets… ». Ces forces contraires sont situées d'après lui dans les services commerciaux par exemple… Il est incapable d'établir un climat de confiance autour de lui. Or, c'est dans la confiance réciproque que les talents peuvent s'exprimer et que les uns et les autres parviennent à donner le meilleur d'eux-mêmes. Si la méfiance et la prudence sont des qualités appréciables dans certaines fonctions bien précises (achats, juridique, comptabilité, etc.), il faut faire attention à ne pas tomber dans la parano extrême.

4.6 Le manager distant

Introduire une distance émotionnelle entre soi et les autres est souvent une manière de se protéger. Les personnes qui se comportent de cette façon ont souvent peu confiance en elles et agissent ainsi car elles se sentent facilement en danger au contact des autres. Au fond, elles ne se pensent pas capables d'évoluer ni de développer de nouvelles compétences pour faire face à de nouveaux projets ou à de nouvelles situations. La confrontation avec les autres les rebute. Elles préfèrent les garder à distance et les dédaigner. Par la distance et par le dédain, elles évitent ainsi la confrontation avec les autres. « Pourquoi est-ce que je m'abaisserais à entrer en compétition avec des personnes qui ne le méritent pas ? ».

4.7 Le manager « hors la loi »

Pour ce type de managers, appelons les aussi les « *cow-boys* », les règles, les procédures, les budgets sont seulement des indications, des suggestions. Éventuellement des lignes directrices que l'on est libre de suivre ou d'ignorer. Pourtant, un groupe a besoin de repères pour se fixer des objectifs et bien fonctionner individuellement et collectivement. Il arrive que ces managers, par leur côté désinvolte vis-à-vis des lois et des règles, réussissent à créer des ruptures et à faire la différence. Ils ont parfois ce trait de génie lié à la transgression des codes à un moment donné ou dans une situation qui serait bloquée. Le problème, c'est que dans une entreprise, où le plus souvent les budgets et les effectifs sont limités, chacun, à un moment ou l'autre, a des comptes à rendre. On ne peut pas vraiment dire que toutes les personnes qui se sentent au-dessus des lois sont des créatifs… voire des génies ! Loin de là ! Si c'était le cas, cela se saurait…

4.8 Le manager atypique

Ce type de manager a une obsession. Prouver au monde qu'il est différent. Il est prêt à toutes les excentricités pour réussir. Qu'on reconnaisse qu'il est « différent ». Pas compétent ni même performant. Seulement différent. Il met sa singularité au sommet de son système de valeur. Le besoin de se singulariser peut prendre des formes diverses : coiffure, habillement (le port d'un nœud papillon !), mode de locomotion (il vient au bureau en patinette ou en vieille 403 car il est fan de Colombo)… Cela peut aussi prendre d'autres formes comme systématiquement faire les choses dans le sens inverse de la marche afin de prouver au monde que sa « différence » lui permet d'être « mieux que les autres ». Par exemple, à l'occasion d'une présentation budgétaire, ce manager va refuser de participer à la séance préparatoire, considérant la répétition comme trop scolaire pour lui. Souvent, son atypisme ou son excentricité lui jouent des tours. Convaincu qu'il a raison et que sa différence sera reconnue un jour, il minimise ses échecs quand il se plante et dit : « Ce n'est pas grave. Je ferai mieux la prochaine fois… »

4.9 Le manager ruminant

C'est le type de manager qui se complaît dans la résistance passive. Les « résistants passifs » ont les plus grandes difficultés à s'affirmer de manière raisonnée et adulte. Plutôt que de provoquer ouvertement une discussion (pour demander une augmentation de salaire, pour obtenir un élargissement de leurs responsabilités, pour traiter un point de désaccord…), ils ruminent leurs préoccupations dans leur coin, interprétant les silences des autres comme des refus catégoriques à leurs demandes non exprimées. Ils s'enferment alors dans une sorte d'agressivité passive. Ils somatisent. Arrivent plus tard au travail, partent plus tôt ou tombent malades. Ils se plaignent de n'être pas écoutés et se « victimisent ». Comme si l'entourage pouvait deviner ce qu'ils n'ont jamais exprimé…

4.10 Le manager perfectionniste

Il est plus préoccupé par le fait de faire les choses bien que par celui de faire les bonnes choses. À la limite, il peut devenir dangereux. Voire psychopathe tant il se délecte avec les détails. Il passe son temps à traiter ceux-ci, à rédiger des notes, des comptes rendus, à sécuriser les décisions qu'il finit par prendre après une ultime recherche ou vérification. Mais toute cette débauche d'énergie « sur des détails monstrueux » est souvent vaine car le manager perfectionniste a oublié une chose : de vérifier que le projet sur lequel il s'est engagé était pertinent.

4.11 Le manager qui cherche à tout prix à plaire à tout le monde

C'est celui qui voulait toujours faire plaisir à sa prof de maths à l'école. Celui qui a peur de décevoir. Il passe la majeure partie de son temps à tenter de coller aux attentes de son entourage. Mais à force de vouloir plaire à tout le monde, il finit par déplaire à tout le monde. Il n'a pas compris qu'il est impossible de faire l'unanimité. Ne pas briller aux yeux de l'autre provoque chez lui un sentiment de désespoir profond. Manager, c'est aussi savoir prendre des décisions impopulaires... Lui ne saura jamais prendre ce type de décision.

4.12 Le manager « psychorigide », mon semblable mon frère...

Comme tous mes semblables, directeurs financiers, j'ai reçu à de nombreuses reprises cette crique... Trop rigide ! Pas assez rond ! Pas assez ronds, les directeurs financiers ?

Trop carrés, trop droits et parfois à la limite de l'anguleux... Pas assez dans la rondeur...

Telles sont les critiques qui nous sont le plus souvent adressées.

Injustes ?

À l'école, nous avons appris à faire des plans en deux parties elles-mêmes subdivisées en deux sous-parties... Nous avons appris que le temps se décompose en quatre saisons et que pour lire une carte il vaut mieux situer les quatre points cardinaux...

Dans notre métier, ce que nous aimons par dessus tout, c'est tout quadriller, faire des balances carrées et piloter des trajectoires rectilignes...

Meunier, tu dors

Ton moulin, ton moulin va trop vite

Meunier, tu dors

Ton moulin, ton moulin va trop fort !

Dans un monde qui se veut pourtant cartésien, les personnes qui pensent « rond » avant de penser « carré » sont plus nombreuses que nous... Le rond, la roue sont synonymes de force et de vitesse. Le carré, d'ennui ?

La terre est ronde !

– Ah ! bon !

Résurgence des chevaliers de la table ronde, on parle dans les entreprises des vertus de la rondeur, des cercles de qualité… quand on ne parle pas carrément à propos du marché de « roue de la fortune » ou de « boule de cristal » quand il s'agit des prévisions de trésorerie.

Comment concilier l'inconciliable et mettre, nous les DAF, un peu d'eau dans notre (ballon de) vin ? Comment arrondir nos angles ?

Et si la solution, c'était l'octogone : plus tout à fait un carré mais pas encore complètement un rond…

J'assistais il y a quelques temps à un dîner dont l'invité d'honneur était Monsieur Xavier Fontanet, ancien Président d'Essilor. L'animateur lui a demandé quel était son animal préféré. Sans hésiter, il a répondu la pieuvre. On lui coupe un bras… il repousse. Un animal agile qui se montre peu et est doté d'une force extraordinaire.

5. LE DIRECTEUR FINANCIER IDÉAL : UN OCTOPODE ?

Une étude récente parue dans la presse a fait état de la montée du poids du numéraire dans l'actif des grands groupes cotés, de 3 / 4% en 2002 à 6 / 9% en 2010.

L'étude citait quelques exemples qui laissent rêveurs :

- Parmalat : 32 % des actifs
- Oracle : 36 % des actifs
- Google : 60 % des actifs

Les raisons de cet accroissement relatif du cash dans l'actif des bilans sont nombreuses mais pourquoi ne pas le dire carrément : les directeurs financiers ont été bons pendant la crise. Très bons même pour certains. En 2008 et en 2009, ils ont raclé les fonds de tiroir (BFR, réduction de coûts, cession ou arrêt des activités déficitaires) et passé des nuits blanches pour faire en sorte que les entreprises dont ils avaient la responsabilité respectent leurs engagements. Ils ont juré qu'on ne les y reprendrait plus et ont intégré les bonnes pratiques liées à la gestion de crise dans le fonctionnement au quotidien « post crise ».

5.1 Pourquoi détenir du cash ? Quels sont les points d'attention ou les chantiers qui restent encore à mener pour les directeurs financiers ?

1. La gestion « avec doigté » des remontées de fonds bloqués dans des pays « exotiques », c'est-à-dire des pays à contrôle des changes rigoureux ou impliquant une fiscalisation complémentaire en cas de remontée de la trésorerie vers la tête du groupe. Cela implique que les directeurs financiers mettent leur nez dans les détails de certaines filiales et se déplacent eux-mêmes sur place.

2. La gestion du remboursement des dettes par anticipation : il s'agit pour les directeurs financiers de trouver la bonne fenêtre de tir pour renégocier et éviter les coûts parfois prohibitifs que constituent les pénalités. Il arrive qu'une dette contractée à taux fixe il y a quelque temps coûte moins cher que ce que rapporte la trésorerie à l'actif, ce qui n'incite pas à utiliser l'une pour rembourser l'autre.
3. La gestion psychologique des partenaires. Objectif numéro 1 : rassurer les actionnaires (les petits et les gros)… c'est-à-dire, pour les directeurs financiers, faire un peu de communication, sur un mode pédagogique de préférence. Tout en gardant à l'esprit qu'un montant excessif de cash inquiète souvent légitimement les actionnaires qui ont tendance à penser que l'argent brûlera les poches des dirigeants et qu'ils en feront un mauvais usage.
4. La gestion des investissements (R & D, actifs immatériels) : certains secteurs comme la pharmacie ou la technologie ont besoin de réinvestir des sommes très significatives. Les directeurs financiers ont un rôle majeur à jouer dans l'analyse et la sélection de ces investissements.
5. La gestion du tempo de l'investissement. L'investissement ne suit pas forcément le désinvestissement, notamment pour tout ce qui concerne les opérations de croissance externe. S'il est vrai que les entreprises qui détiennent du cash ont tendance au cours des années suivantes à gagner des parts de marché, ce n'est pas une raison pour faire n'importe quoi et acheter à n'importe quel prix. Attention à la frénésie des dirigeants pour le M & A… Les directeurs financiers doivent parfois ramener tout le monde à la réalité sans toutefois casser l'ambiance…
6. La gestion du tempo de la redistribution. Celle-ci-concerne au premier chef les actionnaires qui peuvent parfois pousser au crime en exigeant que l'argent, les excès de cash dans les bilans, leur soit rendu ou serve à racheter des actions. La redistribution concerne aussi l'interne. C'est le moment de fidéliser et de remercier ceux qui se sont serrés la ceinture depuis plusieurs années. Les directeurs financiers sont partie prenante dans ces réflexions sur la correcte allocation des ressources.
7. La crise de liquidité, provisoirement passée pour certains, voici qu'une autre crise tout aussi inquiétante pointe le nez à l'horizon… Notamment dans les PME/PMI qui ont moins de puissance de négociation que les grands groupes et qui subissent les méfaits et les contrecoups de la nouvelle réglementation (Bâle 3).

5.2 Menaces sur les marges…

À l'évidence, les coûts d'approvisionnement (matières premières) pèsent de plus en plus dans les comptes des entreprises. Naturellement, la question majeure est celle de la capacité des industriels à répercuter à leurs clients tout ou partie des hausses subies. L'exemple de l'agroalimentaire ne pousse pas à un excès d'optimisme en la matière. L'envolée des prix des matières premières agricoles conjuguée à la hausse de l'énergie et des emballages, ont rendu plus âpres les négociations avec la grande distribution. Piloter les marges est un chantier prioritaire pour tous les directeurs financiers… Comment répercuter les hausses de prix de revient aux clients ? Faire preuve de créativité… Les directeurs financiers savent faire cela aussi…

8. Dernier chantier pour les directeurs financiers, et non des moindres : garder le contact avec leurs équipes. Anticiper les besoins de formation, d'évolution de carrière au sein des services… Sans son équipe, le directeur financier n'est rien…

Voici donc au minimum 8 chantiers prioritaires pour les directeurs financiers… avec en plus le devoir de toujours rester disponibles et de garder le sourire.

Maintenant, c'est sûr : le directeur financier idéal est un octopode !

6. RUBIK'S CUBE ET MÉTHODE COUÉ !

Face à toutes ces menaces qui pèsent sur les entreprises, face à tous ces chantiers, les directeurs financiers s'interrogent sur le bon équilibre à trouver dans leur style de management au quotidien.

Vouloir « *mettre tout le monde d'équerre* » ne remplit pas une vie. Et l'on atteint très vite les limites de ce style de management…

Ne faire que « *dans la rondeur* », toujours « *faire le dos rond* », « *arrondir les angles en permanence* » conduit inexorablement à se faire « *rouler dans la farine* »…

Alors, où mettre le curseur ? Trouver le bon compromis entre le rond et le carré…

Le week-end dernier, 78 candidats se sont affrontés dans le cadre du Championnat de France de Rubik's cube. Objectif : reconstituer au plus vite les 54 facettes du casse-tête inventé en 1974 par le Hongrois Erno Rubik et vendu à plus de 300 millions d'exemplaires. Record du monde : 6,65 secondes. Un exercice de calcul mental qui comporte 43 milliards de combinaisons possibles pour le cube standard (3 × 3 × 3). Comme si cela n'était pas assez difficile, les participants ont relevé d'autres défis : le Professor's Cube (version à 5 × 5 × 5) qui multiplie encore les possibilités. Le clou de la compétition, comme chaque année, a consisté pour les participants à reconstituer le cube standard à l'aveugle. Le principe ? Les concurrents observent pendant 15 secondes, sans le manipuler, un Rubik's cube préalablement mélangé 25 fois par un membre du jury. Leurs yeux sont bandés pour un effort de mémoire de plus de 10 minutes.

Nous aussi, les directeurs financiers, nous sommes des champions du Rubik's cube. À notre manière. Combien de fois ne refaisons-nous pas mentalement (de mémoire dans notre tête) le Rubik's cube de l'entreprise. Combien de fois ne remettons-nous pas les choses à l'endroit, dans le bon sens… juste histoire d'arrêter de pédaler à l'envers ? Cela nous prend plus que quelques secondes mais l'ordre est toujours le même :

- nous intéresser aux personnes, les écouter,
- la trésorerie d'abord… Combien de temps peut-on tenir?
- puis les marges…

C'est notre gymnastique intellectuelle permanente. Notre yoga cérébral… Indispensable en mission ou en poste fixe… nous nous répétons toujours le même credo :

- sans l'équipe, je suis mort,
- sans trésorerie, je suis mort (et l'entreprise aussi),
- sans marges, nous serons bientôt tous morts.

« Tous les jours, à tous points de vue, je vais de mieux en mieux », répétait chaque matin Émile Coué (1857-1926), qui préconisait aux autres de faire de même. Cette méthode bien connue qui allie autosuggestion et imaginaire a fait du chemin. Elle a même donné lieu à un congrès international qui se tenait début septembre à Nancy. Le « marchand de bonheur », l'inventeur de l'effet placebo, a fait des adeptes dans les écoles de management. Des stages s'inspirant de sa méthode sont organisés dans des entreprises comme la Fnac, Adidas, France Télécom, Publicis, des laboratoires pharmaceutiques, etc.

La volonté n'est pas notre plus grande force. Notre plus grande force, c'est l'imaginaire. Toute pensée que nous avons en tête devient réalité dans la limite du raisonnable. Méthode Coué n'est plus synonyme de « *faire l'autruche* » mais de résolution des problèmes. De créativité. Voire de guérison.

Rubik's cube et méthode Coué. Un cocktail détonnant ? Un très beau programme pour les directeurs financiers et leurs équipes. La revanche de l'humain sur les feuilles de calculs dans les tableurs !

POSTFACE

par Jacques TIERNY

Comme dans tout projet, de quelque nature qu'il soit, la motivation des participants est un facteur clé de la réussite. Il s'agit bien sûr des participants issus de la cible comme de ceux de la société absorbante, et pas seulement de ceux qui restent, mais si possible également de ceux qui partiront, dont le know-how reste important ou utile pour le futur de la nouvelle entité. À travers cet ouvrage, les conditions de cette motivation sont largement explicitées, et il nous a semblé utile, sans prétendre être exhaustif, de résumer les points forts qui concourent à la motivation des participants et au succès d'une opération de fusion. Aussi vrai que les cent premiers jours d'une opération de fusion acquisition sont déterminants pour son avenir, ils ne seront effectivement réussis que si les 100 jours précédant cette opération auront permis de préparer minutieusement le processus de fusion, afin qu'il soit mis en œuvre sans tarder en emportant l'adhésion de toutes les personnes impliquées, car la conduite des changements nécessaires et le consensus ne s'improvisent pas.

C'est pourquoi, le sens de l'opération doit être facilement explicable, afin que chacun comprenne l'objectif visé et la raison des efforts demandés, qu'il ne s'agit pas seulement de casser des cailloux mais bien de construire une cathédrale. Comme il est montré au chapitre 2, un dessein clair et compréhensible est poursuivi, dans lequel chacun trouve sa place, quelle que soit sa provenance. La stratégie exposée de manière convaincante au conseil d'administration avant la décision mérite donc, dans la mesure du possible, d'être décrite aux parties prenantes. Comment atteindre les synergies recherchées si on ne les a pas nommées et quantifiées ? C'est l'explication du sens de l'opération qui permet à chacun de situer son rôle dans la belle aventure, qui n'est pas la juxtaposition de deux entités mais bien leur association dans un ou plusieurs projets communs.

La place de chacun dans cette vision étant comprise, les objectifs de tous doivent être déclinés, c'est le rôle de chaque manager direct ou fonctionnel dans les chaînes de responsabilité. C'est pourquoi il sera nécessaire de mettre en place une équipe de projet bien distincte, intégrant des personnes externes et internes pour accompagner le déploiement en définissant des étapes (« milestones ») et des objectifs correspondants. Ils doivent être intelligemment dédiés (« SMART », c'est-à-dire Spécifiques, Atteignables, Mesurables, Adaptés et Balisés dans le temps). Les responsables de l'équipe du projet d'intégration doivent fixer ces objectifs avec les managers de la nouvelle entité fusionnée et produire un calendrier des rendez-vous d'examen de l'accomplissement du processus d'intégration. Un conseil pratique : il est indispensable d'« importer » immédiatement dans la société acquise un responsable provenant de la société acquéreuse, bien rompu à la culture et aux procédures de celle-ci, qui soit l'interface obligatoire dans toute communication. Comme cela est décrit dans ce livre, il s'agit en effet d'installer de nouveaux reportings financiers, commerciaux, de ressources humaines, de s'approprier de nouveaux indicateurs de gestion, d'être évalué différemment, d'intégrer la gestion de la trésorerie et la gestion fiscale dans celles du groupe, très probablement de transférer la propriété intellectuelle en l'ayant valorisée correctement d'une manière cohérente entre la comptabilité (PPPA) et les déclarations fiscales, d'harmoniser les pouvoirs, les systèmes d'information (ERP, consolidation, gestion des références produits...), d'implanter un système d'assurance qualité le cas échéant. Les équipes de la société acquise seront confrontées à de multiples demandes émanant de départements différents de la société acquéreuse, qui leur paraîtront toutes importantes et qui risquent de les submerger si un représentant de l'acquéreur ne vient pas s'installer sur place pour faire le tri entre ce qui est prioritaire et ce qui ne l'est pas, répondre aux sollicitations, prendre ou conforter les décisions qui éviteront à l'inverse trop de sollicitations vers l'acquéreur, dispenser la pédagogie nécessaire et traduire le sens de ces exigences.

Comme cet ouvrage l'explique très bien, il convient de faire d'abord ce qui est nécessaire : prêter attention aux clients qui profitent de la nouvelle richesse de la société acquise pour tirer sur le crédit, aux fournisseurs qui exigent de rattraper les délais excessifs qu'ils avaient été forcés d'accepter, au laxisme qui s'empare des investissements, des dépenses indirectes... Le directeur financier constitue son tableau de bord d'indicateurs et s'alarme immédiatement de toute fuite, réagit vite et tranche comme cela est expliqué au chapitre 5.

Tout cela risquerait néanmoins de rester théorique sans un travail effectif sur les comportements : une fusion génère fatalement un choc des cultures. Un choix des hommes d'abord, qui se veut équilibré, c'est-à-dire respectueux d'une certaine équité, basée sur le recours aux meilleures compétences, aux profils les mieux adaptés à l'objectif de la fusion, mais aussi une sélection des façons de travailler et de se comporter. La manière d'atteindre les objectifs est aussi importante que les objectifs eux-mêmes et pour des personnes issues de cultures d'entreprise différentes, cela ne se fera pas sans clarification. Certes, au départ, c'est une affaire de respect de l'intégrité de la culture de l'autre, mais comment préserver l'intégrité sans un renoncement de part et d'autre ? Sans entrer dans d'interminables négociations, il est nécessaire d'obtenir un certain consensus autour des méthodes de travail et des procédures qui constitueront la colonne vertébrale de la nouvelle organisation. Après le choix des hommes, il faut trancher sur le comment et rebâtir les lois de travail de la nouvelle entité. Lorsque celle-ci s'inscrit dans un grand groupe, la question ne se pose pas et les nouveaux arrivants doivent apprendre la culture et les procédures du groupe qu'ils intègrent, à charge pour ceux qui les accueillent de les leur expliquer ou de leur en donner l'accès (et ils peuvent espérer à l'avenir influer eux-mêmes sur les procédures et les pratiques du groupe qui les accueille). Lorsqu'il s'agit d'une fusion entre égaux, le processus de redéfinition de la culture et des lois de la nouvelle entité doit avoir été négocié préalablement à l'acquisition et doit être scrupuleusement appliqué sous peine de susciter rancœurs et obstacles cachés. En pratique, c'est toute la gouvernance, les chartes d'éthique et les procédures qui doivent être revues dès le début de la fusion, afin d'éviter les pratiques désordonnées, par exemple au niveau de la gestion du cash, des délais de paiement des clients, des politiques salariales, des politiques de déplacement, des processus de valorisation et d'acceptation des dépenses d'investissement et, surtout, des pouvoirs… La bonne compréhension des nouvelles règles du jeu est donc indispensable, car elles ne vont pas de soi et les méconnaître exposerait le dialogue à des malentendus, sources de profondes déceptions de part et d'autre. À terme, pour parfaire l'intégration, le mélange des hommes sera incontournable, et il faudra aussi admettre que les bonnes pratiques existent de part et d'autre, comme cela est souligné au chapitre 3.

Un sens au projet qui soit bien expliqué, une attention aux hommes, un dialogue suivi, une implantation culturelle dans le respect de l'intégrité, des indicateurs en temps réel, des outils de motivation financiers allant de pair avec la reconnaissance des succès et des échecs, et surtout des règles du jeu bien comprises, voilà ce qui permet une transformation de la belle aventure en succès véritable. Les plus belles réussites que j'ai pu rencontrer sont celles qui ont permis à la cible de se développer en utilisant les ressources de l'acquéreur (achats, implantations à l'étranger, systèmes d'information, services centralisés comme le financement ou la gestion des risques, gestion des carrières…). Pour parvenir à la réussite décrite dans le chapitre 4, les check-lists et les conseils pratiques fournis dans cet ouvrage doivent permettre d'organiser méthodiquement l'intégration, de créer rapidement une dynamique des synergies qui renforcera la crédibilité et la pérennité du projet d'intégration, et il est vrai qu'à cet égard les 100 premiers jours sont les plus cruciaux et que les directions financières des deux parties ont un rôle essentiel à jouer.

Pour ma part, j'ai beaucoup apprécié dans ce livre l'attention portée aux hommes, aux objectifs, aux indicateurs factuels, et sa capacité à se mettre dans le rôle du vendeur comme dans celui de l'acheteur, de l'acquéreur et de la cible. Il couvre bien la totalité du processus, de la phase préparatoire au bilan « post mortem ». La lecture de cet ouvrage interpelle sur les bonne pratiques d'un processus d'acquisition non seulement chacune des parties directement prenantes, mais aussi tous ceux qui sont indirectement concernés et souhaitent comprendre les transformations générées par une fusion-acquisition.

TABLE DES MATIÈRES

Rappel des objectifs du livre :

- Maîtriser les points clés concernant la préparation et le déploiement d'une opération de fusion-acquisition.
- Bâtir son plan d'action pour les 100 premiers jours, puis le mettre à jour et le piloter.

Public visé :

Ce livre est destiné aux dirigeants d'entreprises, directions générales, directeurs financiers, responsables financiers, investisseurs professionnels, chargés d'affaires, analystes financiers, conseils en opérations de haut de bilan, et d'une manière générale toute personne susceptible d'effectuer, de participer à une opération de cession ou d'acquisition ou de la conseiller, l'analyser ou l'étudier.